Caminhos da Evolução

Superando Preconceitos

André Cozta

Caminhos da Evolução

Superando Preconceitos

MADRAS

© 2014, Madras Editora Ltda.

Editor:
Wagner Veneziani Costa

Produção e Capa:
Equipe Técnica Madras

Revisão:
Arlete Genari
Ana Paula Lucisono
Jerônimo Feitosa

Dados Internacionais de Catalogação na Publicação (CIP)
(Câmara Brasileira do Livro, SP, Brasil)

Cozta, André
    Caminhos da evolução : superando preconceitos / André Cozta. - São Paulo : Madras, 2014.
    Bibliografia.
    ISBN 978-85-370-0913-0

    1. Umbanda (Culto) 2. Umbanda (Culto) - Filosofia I. Título.

    14-04655   CDD-299.672

    Índices para catálogo sistemático:
    1. Umbanda : Religião 299.672

É proibida a reprodução total ou parcial desta obra, de qualquer forma ou por qualquer meio eletrônico, mecânico, inclusive por meio de processos xerográficos, incluindo ainda o uso da internet, sem a permissão expressa da Madras Editora, na pessoa de seu editor (Lei nº 9.610, de 19.2.98).

Todos os direitos desta edição reservados pela

MADRAS EDITORA LTDA.
Rua Paulo Gonçalves, 88 – Santana
CEP: 02403-020 – São Paulo/SP
Caixa Postal: 12183 – CEP: 02013-970
Tel.: (11) 2281-5555 – Fax: (11) 2959-3090
www.madras.com.br

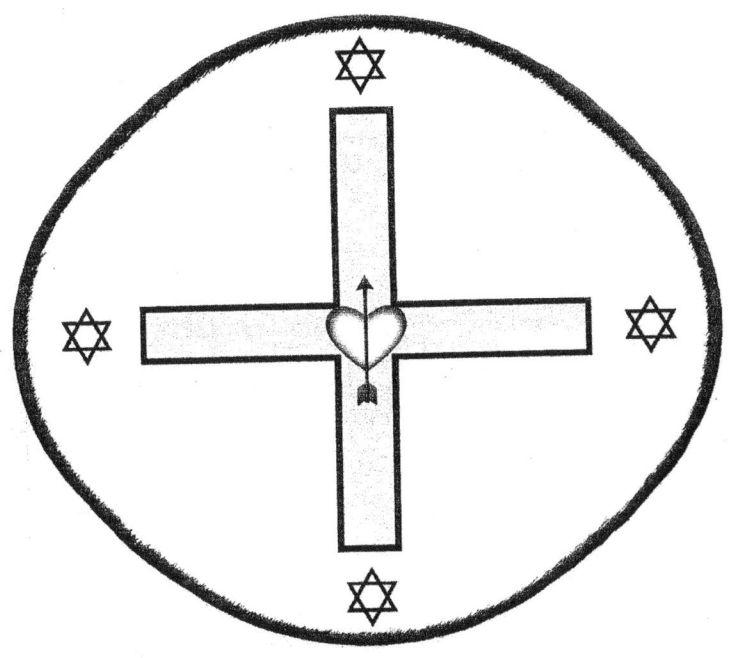

*"Não há equilíbrio sem estabilidade,
não há estabilidade sem equilíbrio,
não há evolução sem justiça,
não há justiça sem evolução."*

Mestre Rhady

O Preconceito Atravanca a Caminhada Evolutiva

Esta é uma compilação de comentários de Magos Mestres da Luz (Senhor Gehusyoh e Senhor Rhady, além de breves intervenções do Preto-Velho Pai Thomé do Congo e do Caboclo Arranca Toco) acerca dos Sete Sentidos da Vida, a partir da ótica da Evolução (sexto Sentido da Vida e sexta linha de Umbanda), com nove relatos trazidos ao plano material por Pai Thomé do Congo, de espíritos que se negativaram pela via do preconceito, formam esta obra, que vem até nós com o intuito de provocar-nos uma profunda reflexão.

O conhecimento abordado na primeira parte deste livro, intitulada "Evolução, Um Sentido Fundamental à Jornada Humana", nos chega por intermédio de comentários simples, elucidativos, de uma matéria aberta ao plano material pelo Mestre Rubens Saraceni.

Então, lendo esta obra, entendendo os Sete Sentidos da Vida a partir da ótica evolutiva, seguida da sua segunda parte, intitulada "Na Trilha da Evolução – Quando Afloram os Preconceitos", o leitor pode se perguntar: "Qual o sentido em esta obra esclarecedora ser complementada com relatos de espíritos que quedaram em virtude dos seus mais variados preconceitos?".

E a resposta, julgo, é muito simples: porque é justamente nesta complementação que colocamos um contraponto neste livro entre o conhecimento e a ignorância.

E aí está o grande ponto para a reflexão. Lendo os comentários "evolutivos" acerca dos Sete Sentidos da Vida, logo em seguida, o leitor poderá perceber, por meio dos relatos trazidos por Pai Thomé do Congo, o que nos falta, muitas vezes, para que não atravanquemos mais nossas caminhadas.

Desejamos que o leitor absorva os ensinamentos aqui contidos, tanto acerca da Evolução, fundamental na jornada evolutiva, quanto nos relatos dos espíritos que nos deixam aqui, impressas, suas mensagens de alerta para que não mais acessemos a via da ignorância.

André Cozta

Índice

Prefácio 13

PARTE 1
Evolução, um Sentido Fundamental
à Jornada Humana

Introdução 17
1 – Evolução: um Sentido Fundamental à Vida 19
    Mestre Gehusyoh 19
2 – Da Cruz ao Sol: no Caminho da Evolução 25
    Mestre Rhady 25
    Evolução = Transmutação, Estabilidade 28
3 – Evolução com Fé 31
    Mestre Gehusyoh 31
    Fé: sentido fundamental para o fluir natural
    da evolução 34
    Mestre Rhady 35
        Fé sem fanatismo 35
        O uso da fé em benefício próprio 37

4 – Evolução com Amor...39
   Mestre Gehusyoh..39
      Amor, um sentido positivo x amor,
      um sentido negativo..42
   Mestre Rhady..44
      Amor, uma manifestação do pai em nós........................46
      Amor, vícios e sexualidade desenfreada........................47
5 – Evolução com Conhecimento...51
   Mestre Gehusyoh..51
      Autoconhecimento..51
      O terceiro sentido da vida...53
   Mestre Rhady..55
      O conhecimento na Fé: fundamental para
      uma religiosidade saudável...56
      O conhecimento e seus fatores..57
6 – Evolução com Equilíbrio..59
   Mestre Rhady..59
   Preto-Velho Pai Thomé do Congo......................................61
      O peso da balança...61
      A justiça purificadora...62
      A justiça direcionadora..64
   Mestre Gehusyoh..64
      Equilíbrio mental...64
7 – Evolução com Ordenação...67
   Mestre Gehusyoh..67
      Livre-arbítrio..68
      Lei do Karma...69
      Caboclo Arranca Toco...71
      A Lei é coletiva..72
   Mestre Rhady..74
      O Fogo Consumidor e Purificador.................................74
8 – Evolução com Sabedoria...77
   Mestre Gehusyoh..77
      Transmutação: o cajado da Evolução............................78
   Mestre Rhady..81
      Pai Obaluayê e Mãe Nanã Buruquê, os
      Tronos da Evolução..82
      O Mistério Ancião...83
      A Ordem Mágica Caminhos da Evolução:
      servidora do saber..83

Índice

Magia: preconceito sem fundamento 84
9 – Evolução com Criatividade 87
    Mestre Gehusyoh 87
    A Geração no dia a dia 88
    Da Criação à Geração = responsabilidade 89
    Mestre Rhady 92
    Os Tronos da Geração 93
    Geração e religiosidade 94
    Geração em benefício de todos 95
10 – Os 7 Sentidos da Vida no Caminho Evolutivo 97
    Mestre Rhady 97
    7 Essências, 7 Elementos, 7 Sentidos, 7 Linhas
    de Umbanda, 7 Linhas da Vida 97
    Sagrados Orixás = Divindades Regentes
    da Natureza 100
    7 Sentidos da Vida: os Sagrados Orixás nos
    caminhos da evolução 102
    Mestre Gehusyoh 104
Indicações Bibliográficas 107
Conclusão 109

PARTE 2
Na Trilha da Evolução: Quando Afloram os Preconceitos

Devemos Buscar uma Evolução Pura e Sadia 115
Ser "Superior" 117
Rumo à um Futuro de Luz 119
Encontrando o Caminho 135
Reflexão e Transmutação, Essenciais para a Evolução ... 147
Da Ignorância à Sabedoria – Conduzido
por um Preto-Velho 153
Preconceito, uma Erva Daninha na Lavoura da Vida 163
Na Estrada da Evolução, o Preconceito é um
Abismo que nos Separa do Amor 169
A Vida é Muito Breve, Por Isso, Devemos
Conduzi-la com Amor 171
Do Preconceito ao Encantamento 177
Uma Dura Lição e uma Descoberta Fascinante
Livraram-me da Vaidade e do Preconceito 183
"De Passagem..." 189

Prefácio

Lendo esta nova obra de nosso irmão André Cozta, lembro-me das palavras do ilustre Mestre de Lion: "Nascer, morrer, renascer ainda e progredir sempre, tal é a lei".

Passamos no orbe terrestre por um momento de decisões ante os tempos de fim. Fim do proconceito, fim do racismo, fim de diferenças sociais, enfim, o final em que vivemos, desconhecendo as "várias moradas na casa do Pai", tornando este atual período de nossas encarnações somente mais um passo diante de nossa eternidade.

André, por meio dos Mestres da Luz, vem nos brindar com orientações simples, que nos tocam por dentro e nos mostram nas "entrelinhas" a grandiosidade das lições que eles trazem para o aprendizado e evolução do ser.

Cabe a cada um não somente ler este livro, mas tê-lo como um manual evolucionista e transformador de suas vidas.

Os caminhos para a evolução são longos, diante da eternidade, e aqui, nesta grandiosa obra, encontramos o manual para aprendermos a dar os primeiros passos.

Parabéns ao meu irmão André!

Que o Cruzeiro de Luz se irradie sempre no meu caminho.

Géro Maia
Zelador Umbandista

PARTE 1

EVOLUÇÃO, UM SENTIDO FUNDAMENTAL À JORNADA HUMANA

Comentários enviados por
Mestre Gehusyoh e Mestre Rhady

Introdução

Os comentários que você lerá de agora em diante trazem uma visão da jornada evolutiva por nós trilhada a partir da ótica de Mestres Magos da Luz, que trabalham, fundamentalmente, incentivando e estimulando este sentido evolutivo, direta e indiretamente nos seres humanos.

Ao longo destas dissertações, você poderá perceber que a simplicidade, que é a tônica deste ensaio enviado por esses Mestres da Luz, é a essência da vida. E se, com simplicidade, dermos cada passo à frente como deve ser, ou como quer Deus, nosso Pai, evoluiremos sem sofrimento.

Você poderá perceber que banhar-se na Luz Divina é por demais prazeroso e bem menos ilusório do que se banhar na vaidade e no materialismo.

A Fé, o Amor, o Conhecimento, o Equilíbrio, a Ordenação, a Transmutação e a Criatividade são ingredientes fundamentais para que o caminho evolutivo seja real e nos proporcione o que de fato o Pai quer de nós: que a Ele voltemos já "adultos" e manifestando-O naturalmente.

Respire fundo sete vezes (em cada uma delas, inspire um dos sentidos descritos no parágrafo anterior) e adentre a esta obra, que aguarda você para, de forma simples, elucidar o que há de mais complexo e, ao mesmo tempo, mais simples em toda a Criação; os sete Sentidos da Vida, as sete Luzes de Deus.

Boa leitura!

André Cozta

Evolução: um Sentido Fundamental à Vida

Mestre Gehusyoh

Caminhar pela estrada que leva ao "Sol", invariavelmente, dá aos seres a sensação de que estão seguindo sempre numa via bem mais longa do que realmente é.

Isto acontece porque, quando o ser consegue avistá-lo, o vê muito longe, mas, em verdade, ele encontra-se bem mais próximo do que se pode imaginar.

O que não percebe, muitas vezes, é que, parando no meio do caminho, sempre se distrai com coisas que pouco importam ou que não levam a lugar algum.

Este fator, que invariavelmente distrai e tira a atenção do foco principal, que é o "Sol", chama-se "ilusão".

É muito comum, no meio do caminho, que o ser sinta-se fascinado pela ilusão e pela fantasia.

E você me pergunta: "O que, exatamente, seriam esta ilusão e esta fantasia?".

E eu respondo-lhe: "Tudo aquilo que desviá-lo do caminho. Para ser mais prático e objetivo, todas as tentações que adormecem sua razão, atuando por meio do seu emocional, confundindo até mesmo sua percepção."

Então, alguém dirá que tudo o que é feito por meio do emocional ou do perceptivo é prejudicial.

E isto não condiz com a realidade.

Pode-se sim, por meio do emocional, e com a percepção aguçada, tê-los atuando ao lado da razão, caminhando juntos, equilibrados e de forma ordenada.

Analise friamente, com humildade e tranquilidade, voltando-se para seu íntimo, e perceberá que, muitas vezes, tomado pela ilusão do materialismo e suas competentíssimas tentações, perde tempo. E, sabemos, tempo perdido é tempo irrecuperável.Porque há um tempo predeterminado nesta curta passagem pelo plano material da vida humana. E, infelizmente, nem sempre aqueles que se encontram encarnados apercebem-se do real propósito de estarem nesta condição.

Então, digo: "Quando Deus colocou neste nosso 'mundo' as árvores (assim como os vegetais, em geral), foi porque traziam a esta dimensão da vida (e ao planeta, em todas as suas dimensões) uma função/qualidade que beneficiaria o todo. O mesmo Ele fez com a água, o fogo, a terra, o ar, os minerais e cristais."

E assim o fez também com todos os animais e espécies que por aqui habitam.

Tenho certeza de que você concorda com essa afirmação.
Então, questiono: "E quando Deus colocou neste nosso 'mundo' os seres humanos, tinha a intenção de que cumprissem quais funções"?

Ou você acha que, neste infinito Universo em que vivemos, tudo foi feito para servir única e exclusivamente aos humanos? E um gigantesco e infindável vazio gira à nossa volta! Será que é realmente assim?

Obviamente, Deus colocou Seus filhos humanos neste pedacinho da Sua Criação, que é Divina por natureza e excelência, para cumprirem uma função dentro do todo.

Mas, que função é esta? Será que está sendo cumprida a contento?

Bem, talvez eu seja mais elucidativo se passar a falar de um sentido da vida que, tenho certeza, será consenso entre todos que aqui chegarem: a Evolução.

Você concorda que esse sentido é fundamental em sua vida. E todos buscam-no com uma sede enorme, não é mesmo?

Evoluir = estudar, formar-se, arrumar um bom emprego, abrir uma empresa, ganhar muito dinheiro, adquirir bens materiais, fazer boas viagens, aposentar-se sem problemas financeiros.

Ah, tenho certeza de que você aplaudiu esta definição para o sexto Sentido da Vida e o tem como o primeiro, o primordial, o primal, o essencial!

Mas, espere, há algo errado, não é mesmo? Se eu afirmo que este é o sexto Sentido da Vida, e realmente o é, como pode alguém tê-lo como primeiro? Será que está faltando algo?

Sim, está! Mas, antes de descobrirmos o que falta, ou o que vem antes dele, faz-se mais do que necessário que revisemos sua definição. Espero, agora, não decepcioná-lo, caso tenha aplaudido a definição anterior de forma efusiva. Vamos a ela, a real definição:

Evolução = dar cada passo em sua jornada evolutiva com firmeza, sabendo para onde realmente vai, seguindo o rumo que a todos nós foi destinado por Deus, nosso Pai e Criador.

Sempre que coloco esta definição, percebo que algumas pessoas ficam um pouco decepcionadas com ela. E, honestamente, preferem a primeira e com ela ficarão. Você decepcionou-se? Ou concorda com ela?

Se você se decepcionou e não concorda, saiba que essa discordância ocorre dentro da mais natural normalidade, afinal, Deus também dotou Seus filhos humanos do livre-arbítrio, como um recurso auxiliar em suas evoluções.

E lá vem, novamente, a palavrinha EVOLUÇÃO, o sexto Sentido da Vida.

Você conhece os outros cinco Sentidos da Vida que antecedem ao da Evolução? Não conhece? Sem problemas, informo-lhe agora quais são e também que há sete Sentidos que guiam a vida neste abençoado Planeta em que vivemos.

Sim, para quem não sabe, direi agora:

1º – Sentido da Fé;
2º – Sentido do Amor;
3º – Sentido do Conhecimento e do Raciocínio;
4º – Sentido da Justiça e do Equilíbrio;
5º – Sentido da Lei e da Ordem;
6º – Sentido da Evolução e do Saber;
7º – Sentido da Geração da Vida e da Criatividade.

E isto que mostramos nesta obra não é mais novidade no plano material da vida humana, pois, há algum tempo, Mestres da Luz vêm abrindo esta Ciência Divina, por meio de várias obras já publicadas.

Parece confuso para você? Sem nexo? Então, acompanhe meu raciocínio:

1º – Fé: Há alguma coisa que possa ser feita na vida sem ela? Não me refiro apenas a questões religiosas. Mas, você há de concordar que é necessário ter fé para que qualquer objetivo ou empreendimento siga em frente. Concordou? Então, prossigamos...

2º – Amor: Sem Amor, há como prosseguir? Não falo apenas do amor matrimonial, e sim deste Sentido da Vida em sua forma mais ampla. Pois, com Amor, você consegue realizar seus objetivos, atingir suas metas. Concordou? Então...

3º – Conhecimento: Será que há alguma forma de prosseguir com seu objetivo sem este Sentido da Vida? Não houve ainda na face da Terra quem conseguisse, garanto-lhe! Se você já tem Fé e tem Amor, só prosseguirá em seu projeto se realmente dominar aquilo que objetiva... ou corre o sério risco de parar no meio do caminho. Concordou? Vamos em frente...

4º – Justiça: O Equilíbrio é fundamental em qualquer atividade. Sem ele, sem Justiça, nada se processa. Imaginem a sociedade em que vive, sem este Sentido. Concordou? Vamos ao próximo...

5º – Lei: Fé, Amor, Conhecimento, Justiça... mas há de se ter ordenação para que seus passos sejam firmes e seguros. Concordou? Ah, agora vamos àquele pelo qual tanto aguardavam...

6º – Evolução: Se com todos os outros Sentidos anteriores se formou uma boa base, há de se ter neste o que é fundamental para o prosseguimento da caminhada rumo ao objetivo traçado. Ou ele nunca se concretizará, não é mesmo? Sem o Sentido da Evolução não há objetivo que siga em frente, pois ele, em si, é a própria "transmutação" (fundamental para uma caminhada evolutiva saudável e real) e traz a "estabilidade". E, após os cinco Sentidos que o antecederam, ele, finalmente, encaminha-nos para o sétimo e fundamental Sentido da...

7º – Geração: É neste sentido que, alicerçados nos seis que o antecederam, se concretizam os objetivos. Geração e Criatividade. Fundamentais para que cheguemos ao "Sol". Geram-se vidas, empreendimentos, ideias. Gera-se tudo o que for necessário para que a "Evolução" se processe num ato contínuo e a Vontade do Pai concretize-se. E qual é essa Vontade? Que os seres trilhem suas jornadas sempre guiados por este Sentido e a Ele retornem, já senhores de si, manifestando com excelência as Virtudes d'Ele herdadas e também Sua Divindade.

Esta pequena introdução serve para que mostremos um pouco do teor e objetivo desta obra, que visa esclarecer a quem a ela chegou que a verdadeira Evolução (espiritual e, por consequência, material; esta deve ser a ordem, ou estará o ser banhado em ilusão) pode ocorrer de uma forma mais simples do que muitos imaginam.

E é isto que este livro mostrará, por meio de comentários tecidos por mim e outros Mestres da Luz, que também contribuirão.

Desejo que tenha uma boa leitura!

Da Cruz ao Sol:
no Caminho da Evolução

Mestre Rhady

Vamos também, por meio desta obra, esclarecer alguns pontos que se fazem necessários, para que haja uma real compreensão de como se processa o amparo à Evolução dos espíritos humanos encarnados e desencarnados, nesta dimensão da vida, em nosso planeta.

Para quem ainda não sabe (pois esta informação está contida em diversas obras publicadas no plano material, por Mestres da Luz, do Colégio Tradição de Magia Divina), o planeta Terra possui 77 dimensões paralelas à humana.

A dimensão humana é a 22ª, e tem 55 dimensões à sua direita e outras 21 à sua esquerda.

Você pode imaginar isto sim, a partir do plano material, pois essas dimensões estão à direita e à esquerda do que é visível aos olhos dos humanos encarnados. A dimensão humana possui faixas vibratórias ascensas e faixas abaixo do plano material. No caso dos planos paralelos ao material da dimensão humana, nas outras 76 dimensões, também há essa "escada".

Na dimensão humana, o plano material é o "meio", tendo sete faixas acima e sete faixas abaixo.

Os sete Sentidos da Vida, já citados no capítulo anterior pelo Senhor Mestre Mago da Luz Gehusyoh, aplicam-se em todas as dimensões, faixas vibratórias e domínios deste planeta. Entenda por domínio os "Reinos" da Natureza, sempre sob tutela de um Orixá Localizado (por exemplo: no lado etérico de uma cachoeira há todo um Reino comandado por um Trono Energético, manifestador das qualidades da Divina Mãe Oxum. Ou, trocando-se em miúdos, lá há a Mãe Oxum que cuidará e regerá aquele domínio).

Em todas as dimensões deste planeta e também em suas respectivas faixas vibratórias, há servidores do Pai Maior e Divino Criador, devidamente organizados em grupos, que cuidam da evolução dos seres sob irradiação, orientação e ditames da Lei Maior e da Justiça Divina e dos Divinos Tronos (os Sagrados Orixás).

Na dimensão humana, nós, da "Ordem Mágica Caminhos da Evolução", atuamos sob a irradiação do Sagrado Pai Obaluayê (Divino Trono da Evolução), tendo a tutela e zelando pela evolução de vários seres humanos que são ancestralizados deste Sagrado Orixá (vivem sob a irradiação desse Trono, desde que foram criados por Deus e assim se manterão para sempre).

Nossa Ordem está situada no lado etérico dos campos-santos (cemitérios), tendo, em cada região do planeta, um Mestre Mago da Luz responsável por aquela seção. Aqui, na América do Sul, respondemos ao Senhor Gehusyoh.

Se somos uma Ordem formada por Magos que atuam sob a irradiação do Divino Trono da Evolução, também respondemos ao "Colégio Tradição de Magia Divina", da quinta faixa ascensa à material, ao qual prestamos contas de nossos procedimentos magísticos e também seguimos orientações.

Milhares de Magos atuam na "Ordem Mágica Caminhos da Evolução". E, se todos atuam sob a mesma irradiação, sob os mesmos ditames e orientações, nem todos atuam executando as mesmas funções.

Há alguns que atuam como Mestres Magos Tutelares de espíritos encarnados ou desencarnados (como é o meu caso). Há os que atuam apenas como Mestres de Magia de Magos encarnados e desencarnados, na maioria dos casos, recuperando-se de negativismos e sendo reencaminhados à hierarquia do Sagrado Pai Obaluayê. Também há os que atuam como Guardiões. E há os que atuam em outras funções designadas pela Ordem, que não, necessariamente, as de guarda ou tutela de espíritos humanos encarnados ou desencarnados.

Nossa Ordem, assim como muitas outras que atuam na dimensão humana invisível aos "olhos" materiais, também possui suas linhas de ação e reação, formadas por Magos que estão sempre prontos para o amparo àqueles tutelados que venham a necessitar, quando devidamente convocados por seus Guardiões, Mestres de Magia ou Mestres Magos Tutelares.

Além disso, há aqueles que atuam na "sustentação" de nossa Ordem. Se compararmos a uma instituição do plano material, correspondem aos que administram repartições ou empresas.

Para que fique claro: o Mestre Tutelar é aquele que cuida do ser durante toda a sua jornada evolutiva, em todas as suas encarnações. É chamado também, em algumas denominações religiosas, de Mentor Espiritual. Os Mestres de Magia cuidam, no caso de espíritos que são ou deverão tornar-se Magos, apenas deste aspecto em suas vidas. Os Guardiões atuam à esquerda de espíritos encarnados que têm sua tutela entregue à nossa Ordem e também são irradiados pelo Divino Trono da Evolução.

Temos como símbolos fundamentais a Cruz e o Sol com oito raios, a fim de representar o caminho humano à evolução, pois a Cruz é por si só um símbolo da estabilidade, fator fundamental no Sentido da Evolução. Representa também o sacrifício, a doação e o sacerdócio no caminho que leva de volta ao Pai.

O Sol representa o foco, a meta, o objetivo a ser alcançado: Deus. Seus oito raios representam também a Evolução.

Veja o número 8, sempre presente no caminho evolutivo!
É um número especial e simbólico neste Sentido da Vida, em que representa os oito caminhos/oito pontos cardeais e colaterais (norte, sul, leste, oeste, sudeste, sudoeste, nordeste e noroeste) que levam a Deus.

Esta introdução serve para que entendam que a intenção da "Ordem Mágica Caminhos da Evolução" é, por meio desta obra, esclarecer aos espíritos humanos encarnados alguns equívocos que vêm sendo cometidos e disseminados ao longo dos tempos com relação ao sexto Sentido da Vida, tão fundamental para o prosseguimento de uma jornada.

Evolução = Transmutação, Estabilidade

Se, simbolicamente, representamos a Cruz como o ponto de partida para o caminho evolutivo, temos nela um símbolo máximo de um fator (verbo) fundamental para que esse processo tenha continuidade: a estabilidade.

Não há possibilidade de subir os degraus que levam ao Sol se, com os pés fixos à Terra (elemento natural da Evolução, como perceberão mais adiante neste livro), não o olharmos, almejarmos e, a partir daí, com firmeza (que só a estabilidade propicia) começarmos a seguir no rumo que nos levará a Ele.

Porém, se temos essa expectativa em nosso ponto de partida, devemos ter ciência e consciência de que para alcançarmos o objetivo máximo, durante o caminho, devemos passar por transformações. Isto porque, se nosso Pai Maior nos dá a possibilidade de trilharmos um caminho fora de seu "interior" para que a Ele retornemos, é porque deseja que, quando a Ele retornarmos, tenhamos evoluído, progredido. Deseja que estejamos "transformados". Que não sejamos mais aquelas "crianças" por Ele geradas, mas sim seres capazes de manifestá-Lo naturalmente.

Então, torna-se também essencial no caminho evolutivo o fator (verbo) Transmutador.

Se durante a caminhada não percebermos esta necessidade, saibam que, e tenham absoluta certeza, em determinado ponto, estacionaremos e de lá só sairemos quando nos conscientizarmos da real necessidade de transmutação.

Portanto, ao partir do ponto inicial que é a Cruz para o objetivo final que é o Sol, tornam-se indispensáveis estes dois fatores: Estabilidade e Transmutação.

Ao longo deste livro, você poderá perceber que o sexto Sentido da Vida, o da Evolução, é tão fundamental na caminhada que ultrapassa o que se pode ver, imaginar e almejar no plano material.

Quando um ser humano (encarnado ou desencarnado) consegue visualizar o "Sol" e torna-o seu objetivo máximo, passa a ver na Cruz um elemento mágico e fundamental para a chegada a esse objetivo, pois ela é a própria estabilidade. E deixa de vê-la, de modo equivocado e pejorativo, como um peso.

Ao longo desta obra, procuraremos esclarecer a verdadeira essência do Sentido da Evolução, a essência da terra, da estabilidade, fundamentais para o fluir contínuo e natural do processo evolutivo.

Desejo que leia este compêndio com amor e dedicação. E que se mantenha em paz e em sintonia com o Pai Maior!

Evolução com Fé

Mestre Gehusyoh

Se, inicialmente, ordenamos os sete Sentidos da Vida, para que você pudesse compreender a linha e o objetivo desta obra e, em seguida, explicamos sobre o Sentido da Evolução e apresentamos a Ordem à qual pertencemos e servimos, foi com o intuito de alicerçar este trabalho, que mostrará a importância e a relevância do sexto Sentido da Vida na caminhada evolutiva e também seu real sentido e significado, um tanto quanto diferentes dos já disseminados e deturpados no plano material da vida humana.

Agora, falaremos de cada um dos sete Sentidos fundamentais à vida no planeta, da ligação de cada um deles com o Sentido da Evolução e sua importância na via evolutiva humana.

E iniciaremos, como parece óbvio, com o Sentido da Fé, o primeiro Sentido da Vida.

Para que haja melhor compreensão por parte do leitor, iniciarei com uma pequena parábola:

"Um homem que trabalhava em uma plataforma de petróleo concentrava naquele seu trabalho todas as suas forças. Vivia, basicamente, em função dele, ao qual se entregava com amor, afinco e dedicação ímpares.

Possuía família (mulher e filhos), mas não media esforços e deixava sempre claro a todos que o seu trabalho como petroleiro era sua grande paixão e a prioridade número um de sua vida.

E, por conta disso, muitas vezes, deixou de estar com família e amigos, para atender a chamados de emergência e de última hora.

Não se importava, em momento algum, com a decepção que causava à sua mulher, filhos, parentes e amigos. Pois comia, bebia e respirava o seu trabalho o tempo todo.

Certa vez, questionado sobre seu salário, pois há alguns anos não recebia aumento e tinha-o por demais defasado, respondeu: – Tenho amor pelo meu trabalho, e fé de que, em breve, tudo melhorará. É questão de tempo.

Quando faltavam poucos anos para a sua aposentadoria, foi demitido. Caiu em depressão, não conseguindo mais trabalhar naquele ramo, em que tanto gostava. E foi vivendo, a partir dali, de 'biscates' nas mais variadas áreas.

Tornou-se um homem amargo, de poucas palavras e, como se diz, normalmente 'de poucos amigos e quase nenhum sorriso'.

Viveu desta forma até o dia do seu desencarne, quando, ainda assim, se manteve por algum tempo perdido, refletindo seu estado de espírito dos últimos anos de vida no plano material."

Esta pequena história fiz questão de contar, para que possamos, tendo-a como base neste comentário, refletir sobre como a Fé pode atuar na vida das pessoas.

Como tudo na vida, você há de convir que a Fé também tem, além do seu lado positivo e estimulador, seu lado negativo e "paralisante".

Mas, alguém me pergunta: "Como pode, alguém com tanta fé, prostrar-se de tal forma, por conta de uma decepção?".

E eu, prontamente respondo: "Tudo depende do direcionamento que é dado a essa fé! Ou, como e de onde essa fé surgiu!"

Sim, caro leitor, você concordará comigo. Quer ver?

O petroleiro da nossa breve parábola possuía, sim, muita fé. E manteve-se com ela enquanto pode, teve forças ou conseguiu. Eu diria, até, que a manteve, enquanto aquela "fé" o manteve naquele lugar.

Não entendeu? Pois então, explico: a fé do petroleiro em questão alicerçava-se, na verdade, em um fator externo ou exterior a ele.

Sentia e tinha fé no seu trabalho, em tudo o que realizava naquele ambiente. Tanto isto é verdade que, quando passou por uma situação adversa, sendo demitido, não teve forças para prosseguir. Tivesse ele fé em si próprio, no seu potencial e na sua capacidade profissional, tenha certeza, em pouco tempo estaria empregado novamente fazendo o que tanto gostava.

Trocando em miúdos: se o petroleiro tivesse fé em si e não no trabalho em que realizava, se a fé no trabalho "fluísse" de dentro para fora e não ao contrário, seria e se sentiria seguro para seguir em frente e, em breve, estaria trabalhando em outro ambiente, dando prosseguimento à sua "evolução profissional", que, ao contrário do que muitos pensam, não traz somente "evolução material", mas contribui muito para a "evolução espiritual" também.

Sim, você não sabia?! Todo o aprendizado do plano material é levado como bagagem na senda evolutiva de qualquer ser que por aí passa.

Raciocine comigo: você acha que um ser humano, em todas as suas encarnações, exerceu a mesma profissão?

Claro que não!

Sei que muitos religiosos cultuadores dos Sagrados Orixás lerão esta obra. E todos, sem exceção, especialmente os umbandistas, sabem que a cada encarnação um Orixá toma a frente de suas vidas, banhando-os e imantando-os o tempo todo com suas qualidades, a quais serão incorporadas pelos seres dali para a frente em suas jornadas evolutivas.

Isto acontece também em outras áreas, inclusive na profissional, quando, a cada encarnação, o ser vivencia um ou mais tipos de experiências profissionais que contribuirão para a sua evolução, dotando-o de um sem-número de capacidades, que levará consigo em frente, e isto também é evoluir, saiba!

Então, é necessário que, a partir de agora, você tenha a real consciência de que sua vida profissional é tão importante para sua evolução espiritual quanto para a material.

Portanto, exerça seu trabalho com mais fé e amor.

Fé: sentido fundamental para o fluir natural da evolução

Como comentei anteriormente, o personagem da parábola que usamos como exemplo possuía uma enorme fé, porém, em um fator externo e fora de seu controle.

E o motivo de ter escolhido esse exemplo foi para mostrar a você que só a fé alicerçada de forma correta permite que o ser transite naturalmente por sua estrada evolutiva.

Então, se o petroleiro possuísse fé em si, ou seja, se a sua fé estivesse realmente em seu íntimo, nada o abalaria e, com segurança, firmeza, estabilidade e equilíbrio passaria por aquele momento de transmutação com tranquilidade.

Como diz um irmão Mestre Mago da Luz: "Passaria pelo redemoinho, caindo em pé, ao final".

Minha intenção é ser bem claro e creio que esteja conseguindo.

A Fé é um sentido fundamental para que haja uma real evolução na jornada de um ser.

E a evolução, podemos dizer, é o resultado que Deus, nosso Pai e Criador, deseja ver, ao final de nossas "jornadas".

A Fé tem como um de seus principais fatores (verbo ação) o Congregador. E tenhamos em mente Congregar como unir em torno de um objetivo.

As pessoas reúnem-se nas igrejas das mais variadas denominações, centros espíritas e espiritualistas, terreiros de Umbanda e roças de Candomblé, entre outros, congregadas em torno do objetivo de cultuar Santos, Orixás e Deus. Isto é o que a fé promove e faculta às pessoas.

Mas a fé não está só na religião. Tenho certeza de que você já entendeu e concorda com isso. Ela também está na sua vida profissional, amorosa e em todos os objetivos e empreendimentos que você colocar como desafios para o seu crescimento humano (espiritual e material). Pois, sem ela, você já sabe que não sairá do lugar, ou, melhor dizendo, não sairá do plano das ideias, das intenções.

Voltando ao exemplo do petroleiro, para que arrematemos esta questão: o que aparentemente se mostrava como sua fé no trabalho, na verdade, era o apoio que ele mantinha naquele ambiente. "Agarrava-se" àquele trabalho como se fosse aquilo sua própria vida. E, se realmente tivesse fé, ou seja, aquela que flui do íntimo do ser, um momento de adversidade não o abalaria, pois teria fé e confiança em si próprio e no seu potencial.

Espero que tenha compreendido até aqui a importância da Fé, o primeiro Sentido da Vida, como base fundamental para a existência e continuidade evolutiva do ser.

Este capítulo prosseguirá com o comentário de outro Mestre Mago da Luz da nossa Ordem. E eu voltarei a comentar no próximo, quando falaremos do Amor, o segundo Sentido da Vida.

Mestre Rhady

Se no comentário do Mestre Mago da Luz Gehusyoh você pôde ter uma visão do Sentido da Fé como a base do todo e de tudo, agora poderemos comentar acerca deste Sentido da Vida como o fundamental, ou o primeiro degrau para que a evolução do ser possa fluir naturalmente.

É impossível, especialmente aos umbandistas e cultuadores dos Sagrados Orixás, falar em fé sem imediatamente associá-la ao Divino Pai Oxalá, o Sagrado Trono Masculino e Universal da Fé.

Esse Sagrado Orixá, divindade máxima no sentido da Fé, irradia-a sempre a todos, imantando os seres com seus fatores divinos e sustentando-os no primeiro Sentido da Vida. E isto já tem sido disseminado em várias obras publicadas por Mestres da Luz do Colégio Tradição de Magia Divina.

O Trono Masculino da Fé, o Sagrado Pai Oxalá, sustenta a fé em todas as religiões, mesmo aquelas que não cultuam os Sagrados Orixás. E saibam que todos os "ícones" religiosos das mais variadas denominações são sustentados, amparados e irradiados por esse Trono Divino.

Fé sem fanatismo

O plano material vem passando por um momento de fervor religioso que é claro e notório aos olhos de quem queira e possa ver.

As pessoas buscam cada vez mais a conexão com Deus e com o que é Divino. E encontram nas igrejas e templos das mais variadas religiões as soluções para seus anseios.

Em muitos casos, com pouco conhecimento, pois, infelizmente, a maioria das religiões não incentiva a busca desse sentido fundamental aos seus fiéis, acabam manifestando sua fé e sua crença de um modo muito perigoso, que é quando sua religião se torna a verdade máxima e absoluta sobre toda e qualquer outra.

E quando isto acontece, o ser "cega-se" e, em vez do Sentido da Fé, está manifestando o fanatismo.

Quando manifesta esse fanatismo, nem se apercebe de que coloca sua religião acima de Deus, inclusive.

Se você se voltar para seu íntimo e conversar realmente com Deus, verá que só assim, de forma muito simples, terá respostas que religião alguma, sem exceção, terá lhe dado ou, se lhe der, terá cobrado um preço bem alto. E não falo de "preço" apenas citando o condenável mercantilismo que impera hoje no meio religioso, mas incluo nesse "preço" a descarada "escravização" de fiéis ou de filhos de santo.

Sacerdotes aprisionam fiéis, adeptos e médiuns, "acorrentando-os", muitas vezes, de modo que, muitos desses, não conseguem ou custam muito a libertar-se.

E meu intuito neste capítulo, falando de Fé, sentido básico e fundamental à vida, é dizer a você, que aqui chegou, que deve sim praticar e manifestar sua fé, mas de modo ordenado, civilizado e dentro dos ditames de nosso Pai Maior e Divino Criador.

Quando você se sentir cobrado por algum pai de santo, pastor ou sacerdote de qualquer religião... corra!

Não frequente lugares que lhe imponham condições. A única condição que um templo ou igreja deve colocar aos fiéis, médiuns ou adeptos é de que amem a Deus, que O cultuem com fé e amor, assim como às suas divindades, santos, etc.

Uma fé fundamentada no templo que habita em você – pois, afinal, se Deus está em todos nós, concluímos que todos somos "templos" manifestadores d'Ele – abrirá um horizonte nunca antes vislumbrado, tenha certeza! Basta que se limpe intimamente e passe a manifestá-Lo.

Em seu próprio lar, você pode manifestar sua fé, acendendo uma vela ou, simplesmente, criando um espaço para cultuar e adorar ao Pai, com ou sem imagens ou velas.

Ajoelhe-se, reze, converse com Deus. E, quando sentir necessidade, vá a um templo religioso. E, desse modo, quando adentrar ao templo, o fará com mais firmeza, certeza e convicção de que está indo ao lugar certo, pois estará manifestando sua fé de dentro para fora e não ao contrário.

E, exatamente porque a Fé é fundamental para que se processe a Evolução de modo natural, é que baseio meu comentário nesta questão. Pois usando da razão e agindo com sabedoria, você manifestará sua fé e não praticará nunca o fanatismo e, quando identificá-lo em algum lugar, saberá que não deverá voltar àquele ambiente religioso.

E, agora, falando especificamente aos umbandistas, saibam que esse fanatismo e essa forma errônea de manifestar o amor a Deus não acontece somente nas outras religiões, mas, também, na abençoada e Sagrada Umbanda percebe-se, em alguns casos, demonstrações dessas práticas equivocadas.

O uso da fé em benefício próprio

Temos visto muitos sacerdotes das mais diversas religiões e médiuns alicerçando na fé, na religiosidade, seus mesquinhos objetivos pessoais.

Isto se manifesta no mercantilismo religioso, que aumenta mais e mais a cada dia, mas também na simples realização egocentrista de muitos sacerdotes e médiuns.

Há aqueles que usam-se da religião simplesmente para satisfazer suas necessidades de "comando", "liderança" e "sobreposição" às pessoas.

Esses seres, saiba, são, em verdade, tomados por uma insegurança sem tamanho e, por isso, manifestam-se de tal modo.

Aquele que é seguro e equilibrado age humildemente, não se impondo, mas impondo o Amor Divino ao seu trabalho espiritual.

Um sacerdote, médium ou dirigente espiritual, nada mais é do que um trabalhador, com incumbências e responsabilidades específicas e estratégicas perante Deus. Pois foi escolhido por Ele e deve corresponder manifestando Seu Amor a todos por meio da Fé, sentido tão fundamental quanto o ar que move a vida.

Os mercantilistas de plantão terão, em pouco tempo, seu acerto de contas iniciado para com os Divinos Tronos.

E, àqueles que ainda não sabem, se temos o Divino Pai Oxalá, Trono Universal da Fé, amparando e sustentando a todos neste Sentido da Vida, também temos a Divina Mãe Oiá-Logunã-Tempo, corrigindo a todos que se desvirtuam no Sentido da Fé e da Religiosidade, com suas espirais do tempo, que conduzem àqueles que deste sentido usaram de forma equivocada aos seus gélidos domínios.

Portanto, concluo este comentário reiterando que para nós, Magos da "Ordem Mágica Caminhos da Evolução", é a partir deste Sentido Evolutivo da Vida que vemos todos os outros, pois sabemos que a Evolução é peça fundamental na confecção da obra de arte divina. E, se temos este como Sentido fundamental, não menos fundamentais são os outros seis, pois, como as partes de uma corrente, necessitam andar "coladas" umas às outras, para que a Evolução se processe como deseja nosso Pai Maior e Divino Criador.

E, para que o Caminho da Evolução se processe como Ele quer, o primeiro degrau a ser galgado, ou o primeiro passo a ser dado, é o Sentido da Fé, básico e fundamental.

E com a Fé manifestada de modo equilibrado, seguida de Amor, Conhecimento, Equilíbrio, Ordenação, Estabilidade e Criatividade, a Evolução ocorre sem percalços no caminho.

Tendo comentado sobre a importância do primeiro Sentido da Vida, para uma Evolução com Fé, prosseguiremos a seguir, falando sobre a importância do segundo Sentido da Vida na jornada Evolutiva.

4

Evolução com Amor

Mestre Gehusyoh

Imagine-se, caro leitor, realizando o seu trabalho profissional sem amor. Imagine-se também, se for médium, realizando seu trabalho mediúnico-espiritual sem amor pelo que faz. Imagine-se, se for adepto de alguma igreja, indo ao culto ou missa sem amor, ou pregando a palavra de Deus aos outros sem sentir o amor fluindo de seu coração, para com Deus, para com o Mestre Jesus Cristo.

Simplesmente, o objetivo final, seja o resultado profissional em seu trabalho, do trabalho mediúnico ou do trabalho religioso em sua igreja, não acontecerá.

E por um simples motivo: nada feito sem amor prossegue; no máximo, arrasta-se por "alguns metros". Mas, os projetos só são bem-sucedidos, as metas só são alcançadas, quando realizadas com amor por seus idealizadores e executores.

Imagine nós, Magos da "Ordem Mágica Caminhos da Evolução", que fundamentamos nosso trabalho no auxílio à evolução de quantos irmãos humanos encarnados e desencarnados nos for possível (pois temos em nossos íntimos a Evolução como sentido fundamental para o "andar da carruagem da vida", porque com essa essência fomos imantados quando criados pelo Pai), realizando nosso trabalho sem o segundo e fundamental Sentido da Vida: O Amor.

Muito provavelmente, ou nós não estaríamos mais neste lugar realizando o trabalho, ou, de forma caótica, nossa Ordem não mais existiria.

E, para tudo isto que estou dissertando, há uma explicação bem objetiva: o Amor é fundamental à vida.

Quando falamos de Amor, é normal que os irmãos encarnados pensem logo no amor matrimonial e em sexo.

Realmente, a união matrimonial e o sexo são fundamentais para a continuação da vida no plano material. O que é fundamental para que as evoluções se processem.

E, ao contrário do que muitos falam, o plano material é fundamental não só na evolução humana, mas também na evolução do Planeta Terra como um todo.

Usarei como exemplo um prédio de muitos andares aí no plano em que vivem: imaginem que num dos andares desse prédio começou a ocorrer um pequeno incêndio. Logo, os moradores dos outros andares e apartamentos ficarão preocupadíssimos, pois esse fogo pode espalhar-se por todo o prédio, destruindo-o por completo, assim como todas as vidas que nele habitam.

Então, esse exemplo mostra que, como todas as dimensões e planos do nosso Planeta Terra abençoado, o plano material é importante, estratégico, e assim é visto por todos os seres das outras dimensões, planos, pelos Mestres da Luz e pelos Sagrados Orixás.

Nada criado por Deus é menor perante Ele, porque o Pai Ama a todos por Ele criados, sem exceção ou distinção. Apenas algumas pessoas equivocadas e banhadas em vícios e conceitos errôneos assim pensam. Mas, a reforma de conceitos é questão de tempo, tenha certeza!

Voltando ao nosso comentário sobre o Amor, segundo Sentido da Vida, eu dissertava sobre os modos e formas de amor.

Tente imaginar, caro leitor, o amor de uma forma maior e sublime do que você comumente consegue. Tente ver, fechando agora os olhos, as vibrações de amor que vêm do Alto, penetram no ambiente onde está e também em seu íntimo (assim como em todas as pessoas).

Este Sentido da Vida, assim como todos os outros, é emanado pelo Pai (por meio dos Divinos Tronos, os Sagrados Orixás que cuidam das evoluções) o tempo todo.

E, quando o Pai, por meio dos Sagrados Orixás, imanta Seus filhos com suas vibrações Vivas e Divinas, não tem a intenção de que suas ondas vibratórias (pois é assim que os Sentidos chegam até nós) estacionem. Quer que as espalhemos ao nosso redor, a nossos semelhantes, a quantos irmãos nos for possível.

Mas, você me pergunta: "De que modo farei isto?".

Respondo: de um modo muito simples. Acompanhe meu raciocínio: você acabou de receber uma emanação de Amor Divino. Sente-se bem, como se tivesse sido "banhado" por algo invisível que está '"transformando-o" intimamente. Então, não perca tempo e, no exato momento em que receber esta vibração (porque as vibrações nos chegam o tempo todo, basta que paremos, respiremos fundo, fechemos os olhos e as perceberemos sutilmente), divida esta benesse Divina com alguém. Sorria, emita uma palavra de amor, fé, confiança.

Sempre há alguém ao seu redor necessitando ouvir palavras de amor.

E, perceba, nem sempre todos estão "acessíveis" à recepção das ondas divinas que nos banham o tempo todo. Mas você está, percebeu que foi "imantado" com o Amor Divino. Então, trate de espalhá-lo pelo ambiente onde estiver. E verá que terá espalhado Amor para o "mundo ao seu redor".

Então, sentir-se-á, naquele momento e durante todo o dia, como alguém que cumpriu uma missão muito importante. E há missão mais importante do que emanar este Sentido da Vida aos semelhantes?

Muitas vezes, percebo seres humanos questionando-se intimamente pelo fato de não terem amor em suas vidas.

Estão esses seres sendo justos para com o Pai?

O simples fato de ter sido criado por Ele já é uma amostra do tamanho do Amor que por Ele é emitido, pois, Ele é o Amor Puro em Si.

Ter dado a você a oportunidade de estar mais uma vez encarnado é um ato de amor incondicional, saiba disso!

Há muitos espíritos que gostariam de estar, neste momento, na condição em que você se encontra, acelerando suas evoluções.

Falo isto porque percebo, como já comentei, uma limitação na compreensão de muitas pessoas para com este sentido da vida, o Amor.

As sociedades no plano material (especialmente as ocidentais) estimularam as pessoas a conhecerem o amor apenas por um de seus prismas, que é o do amor matrimonial.

O matrimônio propicia uma espécie de união que permite que a evolução neste plano material da vida se processe continuamente, como já comentei. Mas, agregar-se em torno de algum objetivo, com amor, é uma forma de promover, também, um projeto ou empreitada que contribuirá, de algum modo, para com uma ou mais jornadas evolutivas.

Então, você concorda comigo que há necessidade de amor em tudo o que se faz, para que se perpetue e contribua para a evolução do todo, não é mesmo?

Pois exatamente como já comentei, tudo o que há no plano material (como em qualquer outro deste nosso planeta) é importante e necessário para que a evolução se processe.

E, para que este Amor que inicia em Deus a nós chegasse em várias formas e ondas vibratórias, foi necessário, como em todos os Sentidos da Vida, que Ele criasse uma Divindade que O manifestasse por meio desse Seu Poder, dessa Sua Qualidade Divina por excelência. E assim surgiu o Divino Trono do Amor.

No comentário que segue a seguir, do Mestre Mago da Luz Rhady, você poderá saber mais sobre essa manifestação de Deus Pai e Criador por meio da ótica religiosa.

Amor, um sentido positivo x amor, um sentido negativo

Como tudo na Criação de Deus, os sete Sentidos da Vida possuem seus polos positivos e negativos. E não é diferente com o segundo Sentido da Vida: o Amor.

O ciúme, a possessividade, são algumas das formas de manifestação negativa do amor, muito comuns no dia a dia de todos.

Quando o Amor é manifestado de forma correta (entenda-se por forma correta aquela que o Pai quer que manifestemos, pratiquemos e executemos, para que as evoluções individuais e a do planeta fluam normalmente), traz benefícios a todos que dele usufruem, as evoluções processam-se de modo contínuo e reto. Neste caso, estarão os seres vivenciando uma experiência amorosa na qual este Sentido da Vida, chamado por todos de sentimento, vem a contribuir para que suas jornadas evolutivas prossigam a contento. E o segundo Sentido da Vida estará cumprindo sua real função na caminhada de todos, que é a de sustentar a evolução, para que os seres sigam em frente, aprendendo e buscando, cada vez mais, seus próprios aperfeiçoamentos.

Mas, quando o Amor é manifestado em seu polo negativo, pode causar traumas bem maiores do que se possa imaginar.

É preciso deixar claro, caro leitor, que me refiro aos "amores" nas mais diversas formas: amor "matrimonial", mas também entre irmãos, pais, mães, filhos e filhas, amigos, etc.

E, quando o segundo Sentido da Vida surge entre as pessoas em seu polo negativo, desestabiliza as relações entre elas próprias.

E você já concorda, porque entendeu no início desta obra, que a estabilidade é fundamental para a evolução, não é mesmo?

Então, prossigamos.

Mais uma vez, peço que imagine uma determinada situação: você, com problemas de relacionamento com seu irmão ou irmã, passa a ter uma convivência conturbada em seu lar. Essa convivência acaba refletindo-se em seus estudos ou trabalho, e até no relacionamento com outras pessoas. Rapidamente, algumas pessoas passarão a perceber mudanças em seu semblante e até mesmo em seu comportamento.

Ciúme, possessividade, demonstrações equivocadas deste Sentido da Vida, bem como "cobranças" (do tipo: "se você realmente me ama, se realmente sou importante, faça tal coisa"). Todas essas exteriorizações negativas neste Sentido da Vida acabam, de algum modo, afetando seu emocional e, por consequência, desestabilizam-no no seu dia a dia.

E você fica realmente abalado, pois ama. E quem ama, quer satisfazer a pessoa amada. Mas não quer ser tolhido. Afinal, você quer amar e ser amado e não provar algo o tempo inteiro a alguém, não é mesmo?

Mas, se você já passou ou passa por algo similar a este exemplo, questiono: em algum momento, você também agiu assim? Ou não?

Esse questionamento e o exemplo aqui colocados têm o intuito de levá-lo a uma profunda reflexão sobre este Sentido fundamental à Vida e essencial para o fluir contínuo do processo evolutivo.

Se no início desta obra você pôde compreender a importância da estabilidade e da transmutação na caminhada rumo à evolução, então, agora que falamos em Amor, pare e reflita. E verá que sempre, quando não há estabilidade no amor (maternal, paternal, fraternal ou matrimonial), deve-se pensar no fator "transmutador". E, com certeza, com ele, resolverá o problema que o aflige neste sentido, trazendo de volta a estabilidade, seguida de tranquilidade, tão fundamentais para a caminhada.

O Amor não deve nunca ser usado como "moeda de troca". Melhor dizendo, nunca se deve usar do Amor, que é uma dádiva Divina, para chantagear ou barganhar "sentimentos" com quem quer que seja, nem mesmo permitir que alguém que amamos faça isto conosco.

Quando isso acontecer, questione-se: "Será que esta pessoa realmente me ama?"

É comum ouvir-se por aí quem diga: "Quem ama não cobra."

E isto é real. Porém, acrescento: "Quem ama, simplesmente... ama"!

Espero que meu comentário tenha sido claro e que possa, de fato, tocar em seu íntimo.

Pense, repense e conclua, para seu próprio crescimento, de que forma você está lidando com o Amor, segundo Sentido da Vida, fundamental para uma jornada estável rumo ao Sol.

Agora, meu irmão Mestre Mago da Luz Rhady prosseguirá neste capítulo com seu comentário. Eu voltarei a dissertar sobre o terceiro Sentido da Vida.

Mestre Rhady

Falar sobre Amor, o segundo Sentido da Vida talvez seja o que causa as mais conturbadas e controversas discussões. Porque todos realmente se consideram fiéis depositários de tal sentido ou sentimento, como mais comumente definem.

Os seres, especialmente neste momento pelo qual passa o plano material da vida humana, buscam desenfreadamente por Amor. Na maioria das vezes, infelizmente, em uma busca equivocada, acabam entregando suas vidas à "escuridão".

Entenda por "escuridão" aquilo que não conhecemos.

Sim, muitas pessoas que buscam o Amor, porque se sentem só, acabam mergulhando em experiências que, quando não traumáticas, contribuem muito para a paralisação de suas caminhadas. E, infelizmente, na maioria dos casos, não se apercebem disso.

Antes de adentrar no comentário mais específico sobre este Sentido da Vida e sua real influência sobre todos nós, deixarei aqui registrado um alerta a todos os irmãos humanos, encarnados e desencarnados:

A estrada evolutiva, que é muito mais longa do que se possa imaginar, é composta por partes tortuosas, até mesmo "esburacadas", e outras mais estáveis. Porém, a estabilidade é fundamental durante esta caminhada, independentemente do "estado" em que se encontre o solo. Talvez seja este o maior de todos os desafios durante a senda da evolução.

Muitas vezes, cansados, os seres estacionam e acham-se "no direito" de não mais caminhar. E não param para pensar que o "estacionar", por ele promovido, prejudica o fluir contínuo de muitas outras caminhadas à sua volta.

Imagine se, em dado momento, pela estrada onde anda, você se deparar com vários cavalos parados não permitindo que você prossiga.

Pois, quando uma pessoa estaciona em sua caminhada, acaba atrapalhando algumas outras, tenha certeza!

E, muitas vezes, mergulhando em vivências amorosas (não só matrimoniais, mas também de todos os tipos), algumas pessoas param e, recusando-se a continuar caminhando, entregam-se à "escuridão", por Amor.

Ora, o verdadeiro Amor, puro e emanado pelo Pai, tem a função de acelerar o "passo" de Seus filhos, pois, de mãos dadas, terão mais forças para seguirem em frente no caminho que leva de volta a Ele. E quando isto realmente acontece, quando duas ou mais jornadas se encontram e unem-se para um retorno ao Pai, vemos o Amor da forma que para nós Ele idealizou.

Porém, quando "estacionamos" por Amor, não damos sequência à nossa caminhada e acabamos, também, paralisando a caminhada da(s) outra(s) pessoa(s) em questão.

Reflita profundamente sobre este comentário, pois tenho visto, infelizmente, esta entrega à "escuridão" em nome do "amor" tornando-se cada vez mais comum entre os espíritos humanos (encarnados e desencarnados).

Amor, uma manifestação do Pai em nós

Quando falo sobre Amor, é impossível dissociá-lo de nosso Pai Maior e Divino Criador.

O segundo Sentido da Vida, fundamental à nossa sobrevivência e ao fluir contínuo de nossas evoluções, é, em si, a própria manifestação de Deus. Porque Ele é o próprio Amor e o Amor é Ele.

Todos nós, cultuadores dos Divinos Tronos, os Sagrados Orixás, sabemos que em seus sete Sentidos Fundamentais, Deus manifesta-se por meio de Suas Divindades para auxiliar-nos em nossas evoluções.

E, no plano material, essa qualidade d'Ele nos chega em seus polos positivo e negativo, masculino e feminino, como dois Divinos Tronos, dois Sagrados Orixás: a Divina Mãe Oxum, Trono Feminino e Universal do Amor, e o Divino Pai Oxumaré, Trono Masculino e Cósmico do Amor.

Para que você entenda: todo e qualquer Sentido da Vida é uma qualidade manifestada do Pai e chega-nos sempre com duas polaridades, conforme descrito anteriormente. Sempre haverá um polo masculino e outro feminino, um passivo e um ativo, um positivo e um negativo, um universal (amparador e irradiador) e um cósmico (corretor, absorvedor, concentrador, paralisador). Não entendam, neste caso, positivo e negativo como bem e mal, pois não é a forma correta. Assim como uma pilha, que possui um polo positivo e outro negativo (para descarga de excessos), nós também possuímos polos antagônicos, e tudo na Criação Divina assim é. Afinal, se somos à imagem e semelhança de Deus, como sabemos, eis a verdadeira essência dessa afirmação.

Voltando ao comentário específico sobre a manifestação do Amor Divino em nós, Seus filhos, há uma divindade que é o próprio Amor Divino manifestado, irradiadora, universal, multicolorida e positiva: a Divina Mãe Oxum.

Para os cultuadores dos Sagrados Orixás, é muito fácil associar a Divina Mãe Oxum ao Amor, pois ela é o próprio Amor Divino manifestado e, naturalmente, aparece a todos como o Sagrado Trono do Amor.

Seu principal fator é o Agregador, que estimula a união entre os seres, a concepção, promovendo assim o fluir contínuo evolutivo no plano material.

Portanto, esse fator e as qualidades dessa Mãe Divina são tão fundamentais para o processo evolutivo que não se pode imaginar a "caminhada" sem essa Divindade. Afinal, você, realmente, consegue imaginar-se passando por toda uma vida sem Amor? Creio que não! Não há evolução que se processe sem ele.

E, por isso, você, que já concorda que a fé é a base fundamental, o alicerce para qualquer caminhada, agora concorda que o Amor, segundo Sentido da Vida, torna-se fundamental para que a evolução continue a processar-se.

Mas, você me pergunta: "E quando há desvios no amor?".

E é sobre isto que falarei a partir de agora.

Amor, vícios e sexualidade desenfreada

É cada vez mais comum, no atual estágio em que se encontra a humanidade, especialmente no plano material, encontrarmos o amor de forma banalizada.

"Vende-se" amor no comércio das mais variadas formas. Não me aprofundarei nesta questão, pois você, que vive no plano material, compreende bem a que me refiro.

Essas banalização e mercantilização do amor, que vêm desenrolando-se há alguns anos, contribuem para que os seres banalizem seus mentais, inclusive. Em um tempo em que o conhecimento é tratado como produto descartável, sendo mascarado por informações e conceitos "ilusórios" acerca da vida e dos valores morais (entenda valores morais como respeito ao próximo, simplesmente), mais se associa o Amor ao sexo, e o sexo à busca incessante e desenfreada de prazer.

A falta de informação neste sentido no plano material ocorre também porque, simplesmente, cada vez mais, os seres dão as costas a Deus e ao Seu Amor.

Se, no comentário sobre a fé, acusamos a mercantilização da religiosidade, sabemos também que ela ocorre porque as pessoas buscam soluções imediatas para os seus problemas. Então, vão às igrejas, terreiros, ilês, etc., na busca de alguém ou algo que lhes propicie benefícios materiais.

No Sentido do Amor não é diferente.

Se há uma mercantilização deste Sentido, por parte da mídia e da indústria, é exatamente porque as pessoas, no afã de resolverem seus problemas sentimentais, jogam-se à "escuridão", como comentei anteriormente, e acabam buscando soluções fáceis para seus anseios.

A busca desenfreada pelo prazer ocorre, afirmo, como uma "válvula de escape". O ser, já banhado em ilusão, deseja conquistar tudo aquilo que lhe é vendido pelo materialismo. E o próprio Amor lhe é vendido como um "produto descartável".

Quando o ser se entrega à sexualidade desenfreada, passa a ter seu magnetismo enfraquecido. Trocando em miúdos: tem suas energias "sugadas" e seu "enfraquecimento espiritual" passa a ser uma consequência natural.

Mas a negativação no Sentido do Amor não ocorre somente com os vícios do sexo. Ocorre também quando o ser age neste Sentido da Vida de modo incorreto, antiético.

Em um relacionamento amoroso (matrimonial, paternal, maternal, fraternal ou até de amizade), espera-se sempre do outro: lealdade, fidelidade e sinceridade, basicamente. Afinal, os opostos a esses verbos não possuem forças para sustentar o Amor; ao contrário, são sementes daninhas neste Sentido da Vida.

Quando o ser se negativa no amor, contrariando os verbos descritos no parágrafo anterior, acaba destruindo, de algum modo, este Sentido na outra pessoa.

E isto, muitas vezes, provoca traumas irreparáveis, ou, ao menos, de difícil resolução, pois a pessoa traumatizada passa a não confiar nas outras, no mundo, na vida.

Por isso, quando há uma negativação no amor, seja desta forma citada ou por meio da sexualidade desenfreada, o polo cósmico deste Sentido da Vida passa a atuar sobre aquele que no Sentido do Amor se negativou. E o Divino Trono Cósmico do Amor, o Sagrado Pai Oxumaré, o Senhor da Renovação, atua diluindo esses sentimentos negativos e renovando aquele que se negativou no segundo Sentido da Vida.

Esta obra não pretende ser didático-pedagógica. Como já disse, você pode aprofundar-se no estudo dos sete Sentidos da Vida por meio dos livros já publicados com comentários e ensinamentos dos Mestres do Colégio Tradição de Magia Divina. E, ao final deste compêndio, nosso médium psicógrafo colocará algumas referências bibliográficas.

Porém, nosso intuito é analisar a Evolução da Vida como um todo (falo de toda a jornada, não somente da vida no plano material), por meio dos sete Sentidos e a necessidade do Sentido da Evolução em todos os Sentidos da Vida.

Para que você compreenda, mais uma vez reforçarei o que já foi colocado nesta obra: Deus, nosso Pai Maior e Divino Criador, criou-nos como centelhas, "estrelinhas pulsantes", para que evoluíssemos e a Ele retornássemos já "adultos", formados e desenvolvidos, manifestando Suas qualidades e Sua Divindade. E dotou-nos de todos os recursos possíveis e necessários para que esta jornada evolutiva se processe.

Cabe a nós, Seus filhos, trilharmos o caminho da forma que Ele deseja.

E, no Amor, Sentido fundamental neste processo, é necessário que você reflita agora comigo: por que Deus nos dotou de todos esses recursos, se não por Amor a nós, não é mesmo?

Quando acontece uma negativação no Amor, saiba, caro leitor, está ocorrendo uma negação a Deus! Sim, exatamente! Talvez, a pessoa que se negativa neste sentido nem se aperceba desse detalhe, mas, se Deus é o Amor em Si, negativar-se neste Sentido ou negativar este Sentido perante um semelhante é negar a existência de Deus, mesmo que inconscientemente.

Provocar uma desilusão em outra pessoa no Sentido do Amor também é "adormecer" Deus dentro dela. Coloco este verbo entre aspas, porque Deus, em verdade, está sempre vivo e pulsante em todos nós, em tudo por Ele criado. Mas, provocar uma desilusão amorosa, se Deus é o Amor e se o Amor é Deus, é uma forma de negá-Lo sim!

A ignorância pode levar o ser a cometer atos com consequências bem maiores do que se possa imaginar, especialmente, no Sentido do Amor.

Por isso, encerro este comentário pedindo a você que reflita bastante sobre tudo o que aqui leu.

O Amor por nós manifestado pode e deve ser uma continuação das emanações Divinas, por Ele enviadas, por meio de seus Divinos Tronos, para nossos semelhantes.

O sexo, se visto como uma dádiva divina, uma fonte de prazer e troca de energias salutares, em que os seres se entregam com Amor e propiciam a continuidade evolutiva ao planeta como um todo, será sempre abençoado, tenha certeza!

E assim, com Amor e estabilidade, a caminhada rumo ao Sol se processará sem traumas, dores ou feridas.

Dito isto sobre o Amor, segundo Sentido da Vida, seguiremos em frente, a seguir, comentando o terceiro e fundamental Sentido da Vida...

ND
Evolução com Conhecimento

Mestre Gehusyoh

Autoconhecimento

Conhecer o que está à sua volta, conhecer quem está à sua volta, conhecer o ambiente onde mora, frequenta, trabalha, estuda...
Este verbo, que muitas vezes passa despercebido no dia a dia das pessoas, além de fundamental, pois, conhecendo e reconhecendo a tudo e a todos, os seres vão estabilizando-se e seguindo em suas jornadas, em seu cotidiano, expressa um dos sete Sentidos da Vida, tão fundamental para que a evolução contínua se processe: o Conhecimento, terceiro Sentido da Vida.

Conhecer, como citei anteriormente, a tudo e todos à sua volta, é fundamental, mas, de pouco adianta quando o ser não possui autoconhecimento.

Agora, pergunto: você conhece-se a fundo? Você acha que todas as pessoas à sua volta conhecem-se plenamente?

Reflita muito acerca desses questionamentos.

Sei que, automaticamente, você responderá: "Sim, conheço-me muito bem!".

E eu direi: que ótimo! Afinal, o autoconhecimento é uma chave fundamental para que a caminhada evolutiva flua de forma natural e a contento.

Perceba, quando o ser se conhece a fundo, ele tem melhor controle sobre si, seus pensamentos e atos; tem uma compreensão muito mais apurada e aguçada com relação ao todo, às pessoas, ao mundo à sua volta. E reagirá melhor e com mais sabedoria em qualquer momento de adversidade.

Novamente, questiono: você conhece-se muito bem? Tem certeza? Como tem reagido em situações adversas?

Muitas vezes, os seres percebem-se reagindo de forma supreendente a si próprios, até. Quantas vezes você já não se deflagrou pensando: "Por que agi desta forma? Nunca imaginei que pudesse reagir assim!".

Nunca se apercebeu pensando desta forma? Ou já se "pegou" pensando assim algumas vezes? Ou muitas vezes?

Responda a si próprio, pois isso fará com que se volte para seu íntimo e comece a trilhar uma caminhada que levará ao autoconhecimento. Caminhada esta que é constante e nem sempre lhe mostrará "paisagens" muito agradáveis, mas, com certeza, lhe apresentará sempre as "paisagens" que formam o belo quadro que é esta obra de arte criada pelo Pai: sua alma.

Faço questão de abrir este capítulo falando sobre autoconhecimento, porque, dentro deste Sentido da Vida, ele é a base fundamental para que a expansão flua verdadeiramente na vida das pessoas. Pois, para que haja conhecimento, expansão do raciocínio e, com saber, a evolução flua naturalmente, o ser há de se conhecer muito bem, ou, ao menos, o suficiente para prosseguir em sua jornada com "sucesso".

E você me pergunta: "Mas, qual a medida correta de conhecimento para que eu siga 'bem' em minha jornada evolutiva?".

Prontamente, respondo-lhe: A medida correta é a da humildade, caríssimo leitor!

Em outro capítulo deste livro, falamos sobre a ilusão e a forma competente como o materialismo a exerce sobre os seres humanos.

A vaidade o ego inflado são armas muito fortes que fazem, cada vez mais, com que as pessoas se virem de costas para Deus, buscando coisas que nunca preencherão sua alma. E, como já sabem, evolução material não precedida de evolução espiritual é pura ilusão.

E, creio, você não está à busca de uma evolução "fantasiosa". Ou está?

Quando falo em humildade, falo em um movimento muito simples: voltar-se para o seu interior diária e constantemente, avaliando a si e às suas atitudes, seus conceitos e preconceitos, suas palavras e pensamentos, sua forma de lidar com tudo e todos.

Quando conseguir fazer esse "relatório" diário, prestando contas a si mesmo, verá que estará trilhando a via da humildade. Não será sempre muito fácil, mas, com determinação, você superará as dificuldades e seguirá em frente. Afinal, você está sempre tão disposto a superar dificuldades, muitas vezes, em prol de conquistas materiais, não é mesmo? Então, não será difícil para você movimentar-se neste sentido, que o leva ao espelho que há em seu íntimo.

Tendo feito tudo isso, terá dado o primeiro passo fundamental para que o terceiro Sentido da Vida possa agir em seu benefício, permitindo que você siga evoluindo de fato.

O terceiro Sentido da Vida

Antes de darmos prosseguimento ao nosso comentário, faz-se necessário que você saiba que nenhum dos sete Sentidos da Vida é mais ou menos importante do que os outros. A escala (1º, 2º, 3º, 4º, 5º, 6º ou 7º) dá-se, exclusivamente, para que a evolução se processe de forma ordenada, equilibrada, estável e contínua, conforme demonstramos no primeiro capítulo deste livro.

O Conhecimento, terceiro Sentido da Vida, trabalha na expansão do raciocínio, tendo neste movimento a base fundamen-tal para que a evolução continue a fluir da forma que quer o Pai.

Você já concorda que a Fé é o alicerce, a base fundamental para que seus projetos e empreendimentos tomem forma. E também concorda que o Amor é essencial para que esses projetos sigam em frente.

Pois, com Fé e Amor, já começou a caminhar ou encaminhar seu projeto, sua empreitada, seu objetivo. Mas, qual será o próximo passo?

É neste momento que chegamos ao terceiro e fundamental Sentido da Vida: o Conhecimento.

Com muita Fé e muito Amor, você já tem os ingredientes ou o combustível necessário para seguir em frente. Mas, seguir em frente, a partir deste momento, significa expandir suas metas, objetivos ou empreendimentos.

E a expansão só ocorrerá, deste momento em diante, se o Conhecimento agir nesta "caminhada".

Explicando-me melhor, para que possa entender: você está prestes a abrir uma loja, que será o sustento de sua família e de si próprio. Todos, sem exceção (você, seu cônjuge, filhos), estão unidos na concretização deste objetivo. Então, a Fé e o Amor estão presentes. Mas você conhece o ramo onde atuará, e a real concretização de seu empreendimento começa a tomar forma neste momento. Pois, com o conhecimento necessário para que o empreendimento nasça, cresça e se processe com sucesso, foi necessário que você optasse por uma área que já conhecia ou, então, estudasse, pesquisasse sobre a área em que pretendia atuar. Concorda?

Na vida, de modo geral, percebe-se muitas vezes que as pessoas, no afã do sucesso rápido, atropelam este Sentido da Vida.

Quando o ser se conscientiza de que o processo evolutivo ocorre de forma contínua, e "apressar" o passo nem sempre é sinônimo de "acertar" o passo, sua chance de sucesso é muito maior e eu diria: é certa.

Ansiedade, afobação, saiba você, invariavelmente, resultam da falta de conhecimento.

Aquele que é curioso, no sentido positivo, que é "caçador", que busca informações, procura conhecer o terreno onde pisa, o local onde está vivendo, as pessoas ao redor e, até mesmo, as necessidades daquele lugar e de quem nele está, conseguirá, caro leitor, com tranquilidade e sem pressa, chegar aonde necessita.

Passe a observar o olhar das pessoas, e verá que tenho razão.

Aqueles que buscam constantemente o Conhecimento serão sempre os mais sensatos e serenos. E serão também os mais compreensivos com relação a tudo, inclusive, àquilo que incomoda algumas pessoas.

Aqueles que não acordaram ainda para esta necessidade fundamental à evolução humana, você perceberá, são ansiosos, têm pressa em "realizar" e pouco conseguem fazer.

A expansão é o principal fator (verbo ação) do Sentido do Conhecimento.

Você há de concordar que, quando o ser expande seu raciocínio, abre o leque de possibilidades à sua volta. E sua visão, como que num passe de mágica, abre-se "multidimensionalmente" para "todos os lados", inclusive, os invisíveis aos olhos materiais.

E, a partir daí, alcançará metas, objetivos, espaços inimagináveis por aqueles que ainda, porventura, não tenham encontrado no fator expansor e no Conhecimento a "ponte" fundamental que liga o ser à evolução real e concreta.

Encerro aqui meu comentário sobre o Conhecimento, terceiro Sentido da Vida, fundamental para o fluir natural e contínuo do processo evolutivo, que também é o grande prêmio por nós recebido de nosso Pai, nosso Deus.

E voltarei, a seguir, comentando sobre o quarto Sentido da Vida.

Mestre Rhady

Falar sobre o terceiro Sentido da Vida, neste momento, é algo que considero muito delicado, porque o conceito acerca do conhecimento, no plano material, está por demais deturpado.

Obter informações, das mais diversas, sobre os mais variados assuntos, é e sempre será muito importante. Porém, percebo, neste momento, que as pessoas têm-se banhado e alimentado com muitas informações inúteis, que pouco ou nada acrescentam às suas vidas e à sua real evolução.

Parafraseando Mestre Gehusyoh: a ilusão age de forma muito competente, "cegando" as pessoas, especialmente neste Sentido fundamental à evolução do ser.

Por isso, meu comentário acerca deste Sentido será muito breve, pois não há nada a se dizer que não seja, mais uma vez, um alerta:

"Preste muita atenção com o que tem ocorrido à sua volta. 'Vende-se', neste momento, no plano material, a ideia de que o conhecimento está em coisas fúteis e de pouco ou quase nenhum conteúdo".

Caríssimo leitor, o Conhecimento na verdadeira acepção do verbo realmente ocorre ou é adquirido quando você sente que, verdadeiramente, "alimentou-se" no Saber.

Quando você assim sentir, ou seja, perceber que o "alimento" nutriu-o e, visivelmente, o fez crescer íntima, espiritual e essencialmente mais um pouco, então você estará adquirindo Conhecimento, Saber, expandindo-se e acelerando dentro dos ditames do Pai para sua evolução.

Se em tudo na vida o Conhecimento é necessário, para que a própria flua bem (e, tenho certeza, você já concorda que este Sentido é fundamental à Evolução), no ambiente religioso, mais do que nunca, faz-se necessário que ele seja disseminado.

E é aí que reside uma das minhas maiores preocupações e da grande maioria dos Mestres da Luz.

O conhecimento na Fé: fundamental para uma religiosidade saudável

Muitas religiões, ao longo da história da humanidade, no plano material, sempre venderam aos seus fiéis e adeptos a ideia de um Deus inacessível, de uma vida após a "morte" no Reino dos Céus. Reino esse pouco acessível às pessoas, que, em verdade, nunca souberam como é e como as evoluções se processam para que cheguem até Ele ou, mesmo, após chegarem a Ele.

Sempre "compraram" a ideia de que suas evoluções se processariam bem se fossem "boas pessoas", ou estariam condenadas às "chamas do inferno".

E, muitas pessoas mantiveram-se religiosas, ao longo dos tempos, muito mais por medo do que por fé. Esta é a mais pura realidade. Basta que você entre a fundo na história das civilizações humanas e verá este ponto em comum entre muitas das religiões no plano material (algumas já extintas e outras ainda em plena atividade).

Esse método usado por estas religiões, se por um lado usava e usa do medo, como citei anteriormente, para manter as pessoas sob suas "rédeas", por outro, é uma negação ao terceiro Sentido da Vida, pois nega aos seus fiéis e adeptos o acesso ao Conhecimento de suas doutrinas. E uma negação a qualquer um dos sete Sentidos da Vida é uma negação a Deus.

Mas, por que negam? Por que não permitem às pessoas que acessem o Conhecimento? Querem causar em seus fiéis e adeptos uma dependência de seus templos e sacerdotes? Ou será pelo simples fato de não possuírem doutrinas tão consistentes? Será pelo fato de que não podem passar o que também não possuem?

Em verdade, o Conhecimento, assim como todos os sete Sentidos, é fundamental à vida no Planeta Terra.

Tanto isto é verdade que, em muitos casos (inclusive na Sagrada Religião de Umbanda, infelizmente), sacerdotes ocultam o conhecimento de seus adeptos, médiuns, a fim de exercer, como citei no capítulo anterior, uma "sobreposição".

O sacerdote humilde é aquele que possui uma bagagem de conhecimento, busca incessantemente saber mais, expandindo-se assim naturalmente, e faz questão de dividir o conhecimento adquirido ao longo da caminhada com quantos irmãos lhe for possível. Esta deve ser a tônica das religiões em geral.

O Conhecimento deve estar sempre na pauta dos dirigentes de centros, pais e mães de santo e sacerdotes das mais diversas religiões.

Não queiram controlar seus médiuns ou filhos de santo pela "cabeça". Façam de forma diferente: atraiam-nos pelo "coração".

Aquele dirigente ou sacerdote que conseguir isto terá sempre seus médiuns ou filhos de santo à sua volta naturalmente.

Porém, para que isto realmente aconteça, há de se ter um ingrediente básico já citado anteriormente neste capítulo: humildade.

Abra mão da vaidade, banhe-se em humildade e trilhe ao lado de seus médiuns, filhos de santo, adeptos ou fiéis, pois, na realidade, todos somos e sempre seremos filhos de Deus. E Ele realmente quer ver-nos trilhando de mãos dadas. Sem sobreposições, sem que se tire qualquer tipo de vantagem sobre os irmãos.

Portanto, a você, caro leitor, sugiro que busque constantemente o Conhecimento em todos os setores de sua vida, pois só ele o libertará de fato e fará com que trilhe sua jornada evolutiva sem precisar apoiar-se em nada ou ninguém.

Quanto à fé e à religiosidade, busque constantemente conhecer as coisas Divinas e perceberá que Deus se manifesta em seu interior. A partir de então, sentir-se-á independente e poderá praticá-las e manifestá-las da forma que melhor lhe convir: numa igreja, tenda de Umbanda, centro espírita ou em casa.

O conhecimento e seus fatores

A expansão é o principal fator neste Sentido da Vida.

O Trono Masculino e Universal do Conhecimento, o Sagrado Pai Oxóssi, atua neste Sentido, expandindo o raciocínio dos seres na busca pelo Saber e pela evolução contínua.

Portanto, de posse dessa informação, saiba que você pode recorrer a esse Pai Divino para que este Sentido aflore em sua vida.

O Conhecimento, como expansão, irá lhe proporcionar um crescimento de modo muito rápido. Banhado neste Sentido, você perceberá que terá dado passos largos à frente, como nunca antes. E passará a compreender melhor a si próprio, a tudo e todos à sua volta.

Essa expansão pode e deve ocorrer na sua fé e na religiosidade sim, mas, quando ocorre em todos os setores da vida, então o ser percebe um crescer e fluir contínuo, equilibrado e estável. E a verdadeira evolução se dá quando se processa na vida como um todo.

Quando o ser se negativa no Sentido do Conhecimento, ou seja, usa deste Sentido em benefício próprio, para se sobrepor aos seus semelhantes, então, saiba, entra em ação o Trono Feminino do Conhecimento, de atuação Cósmica, a Sagrada Mãe Obá. E atua, basicamente, com o fator Concentrador, afixando o ser até que sejam esgotados seus negativismos.

Aqueles que se negativaram neste Sentido da Vida e foram conduzidos ao polo negativo do Conhecimento, sendo recolhidos nos domínios dessa Sagrada Orixá, tenha certeza, em dado momento, darão a este Sentido um valor muito maior do que se possa imaginar.

Portanto, caro leitor, reflita muito sobre o que aqui foi dissertado por mim e Mestre Gehusyoh, pois o Conhecimento é fundamental e necessário para seu crescimento e de seus semelhantes. Então, multiplique-o e estará, automaticamente, acelerando sua evolução e a de quantos lhe for possível, à sua volta.

Encerrando este comentário, encaminhamo-nos agora para o quatro Sentido da Vida...

6

Evolução com Equilíbrio

Mestre Rhady

A busca pela razão vem caracterizando-se como uma constante entre os humanos, ao longo dos tempos.
  A Justiça, quarto Sentido da Vida, manifesta-se na senda evolutiva por meio do equilíbrio. E, para o fluir natural do processo evolutivo, onde já existem a Fé, o Amor e o Conhecimento, este Sentido (da Justiça) torna-se necessário para que a caminhada se processe de forma equilibrada.

Assim, o ser prossegue no caminho de retorno ao Pai, exatamente da forma que Ele idealizou para todos nós.

Porém, buscar equilíbrio é um desafio diário na vida de todos os seres. Espero, sinceramente, que você concorde com essa afirmação.

O tempo inteiro você se depara com situações que lhe exigem equilíbrio, racionalidade e senso de justiça.

Imagine se, em cada momento em que estiver frente a uma situação adversa, não usar deste Sentido/sentimento, como deverá processar-se seu dia a dia e, por consequência, sua caminhada evolutiva, não é mesmo?

Eu, um Mestre Mago da Luz, irradiado pelo Trono da Evolução, como você já sabe, também atuo sob irradiação do Sentido da Justiça. Pois nós, Mestres Magos Tutelares da "Ordem Mágica Caminhos da Evolução", atuamos em muitas "frentes" e, sem exceção, todos trabalhamos sob a irradiação de um segundo Trono Divino. Alguns atuam também sob a irradiação da Lei, do Conhecimento, da Fé, do Amor e da Geração.

Porque a Evolução, Sentido fundamental no caminho que leva ao Pai, é o próprio "meio" por Ele traçado e idealizado para que retornássemos já "adultos" e manifestando-o naturalmente. E, nada mais natural que nossa Ordem, servidora do Divino Pai Obaluayê, Trono Universal da Evolução, atue auxiliando a todos os Divinos Tronos, em todos os Sentidos da Vida.

Saiba que o Amado Pai Obaluayê é o Senhor das Almas, Senhor das Passagens (como dissertaremos mais detalhadamente no capítulo reservado ao sexto Sentido da Vida), tendo como seu campo de forças natural os cemitérios (onde, você já sabe, se situa nossa Ordem). E por esse campo de forças passam seres irradiados por todos os Sagrados Orixás, nos sete Sentidos da Vida. Então, nós, Magos da "Ordem Mágica Caminhos da Evolução", servidores desse Divino Orixá das Passagens, como citado anteriormente, também atuamos sempre sob a irradiação de um segundo Trono ou Orixá, pois a Evolução, Sentido da Vida, qualidade manifestada de nosso Pai Maior e Divino Criador, deve servir a todos os outros Sentidos/qualidades manifestadas d'Ele. E nossa Ordem não foge à regra.

Voltando ao comentário: todo ser, invariavelmente, se questionado, demonstrará, em algum momento, ter sido injustiçado.

Porém, poucos se apercebe de que, além da Justiça humana atuante no plano material, há uma Justiça Maior que pesa o tempo todo os atos de todos.

E se há uma "balança" Divina da qual nada escapa, sejam as atitudes positivas ou as negativas, também há uma divindade que manifesta este Sentido e é a própria Justiça Divina, o Sagrado Pai Xangô.

O comentário a seguir, que será realizado por um Mestre da Luz manifestador dessa qualidade divina, desse Sagrado Trono, aprofundar-se-á melhor nesta questão.

Em verdade, meu breve comentário fundamenta-se em algo muito simples:

> *"Toda vez que você se sentir injustiçado, acione a balança da Justiça Divina que há em seu íntimo. Por- que, mesmo que ainda não tenha se apercebido, ela está aí. Acionando-a, você sentirá o que o leva a passar por situações que considera 'injustas' para consigo. Muitas vezes, acha que não merece passar pelo que passa. Porém, a questão é muito mais profunda, ou a resposta para o seu questionamento encontra-se muito mais no fundo de sua alma do que à 'frente' de seus olhos".*

Dito isso, deixo claro que minha intenção com este comentário é provocar sua reflexão acerca deste Sentido, tão polêmico muitas vezes, pois de pessoas "injustiçadas" o mundo está cheio.

Mas, você já parou para se questionar por que tudo isto acontece com você? Você conhece e reconhece a Lei do Karma?

Reflita, repense-se como ser. Volte-se para o seu interior. Reveja seus pensamentos, sentidos, sentimentos, atitudes, palavras. Será que você é merecedor de toda essa "Justiça" pela qual clama? Ou será que tudo o que lhe acontece é uma atuação da Justiça Divina?

O equilíbrio é um verbo fundamental neste sentido da Vida, o sentido da Justiça e da Razão.

Razão, palavra fundamental neste Sentido.

"Racionalize-se." Como? Desemocione-se e, usando da razão e com sabedoria, volte-se para si.

Fazendo isto, com humildade, muito provavelmente você perceberá que a Justiça está, sempre esteve e sempre estará em sua vida.

Reflita sobre isto.

Este capítulo prossegue com o comentário de outro irmão Mestre da Luz...

Preto-Velho Pai Thomé do Congo

O peso da balança

Todos conhecem, no plano material, a Balança como um símbolo da Justiça.

Os umbandistas e cultuadores dos Amados Orixás a tem como um símbolo do Sagrado Orixá Xangô, divindade que representa a Justiça Divina.

Os procedimentos dos humanos encarnados e desencarnados, como de todos os seres criados por Deus, invariavelmente são colocados nessa "Balança Divina", na qual, na busca do equilíbrio, quando necessário, são designadas sentenças para alguns seres que atentam contra este Sentido, "desequilibrando" de alguma forma o meio em que vivem e, por consequência, toda a Criação Divina.

Para alguns, isso pode parecer fantasioso, mas, na realidade, não é.

Este Negro Velho que vos escreve há muito vem percebendo que o Senso de Justiça e sua própria definição estão por demais deturpados no plano material.

Tenho notado que, cada vez mais, as pessoas buscam pela "sua justiça", ou, ao menos, aquela que venha a lhes beneficiar.

Fazer "sua" justiça, vingar-se, enfim, uma infinidade de atitudes errôneas, equivocadíssimas, têm ocupado as mentes dos humanos. E, com muita tristeza, percebo que as pessoas se "adonam" da razão nesses casos, como se fossem as proprietárias da verdade, dando sempre a última palavra neste sentido.

Ora, se o Sagrado Pai Xangô, Orixá Universal e aplicador da Justiça Divina, atua de forma justa, conforme os desígnios de Deus, será que age corretamente um ser que por sua própria conta resolve "fazer justiça"?

Quando falo isso, não me refiro apenas àqueles que, com sua "sede" de justiça, resolvem fazê-la tomando o lugar e a frente da justiça humana. Falo, especialmente, daqueles que resolvem, por meio do verbo, se autodenominarem agentes da Justiça Divina.

E, obviamente, adentrando neste campo, falo de religiosos que, de posse de suas "convicções" (coloco esta palavra entre aspas, pois, invariavelmente, essas pessoas atuam em benefício de seus interesses mesquinhos), instigam pessoas de boa-fé e pouco conhecimento a manifestarem, de forma ignorante (pois não há outra palavra que melhor defina quem assim o faz), o preconceito à fé e à religiosidade dos cultuadores dos Sagrados Orixás, bem como de espíritas e espiritualistas em geral.

Num comentário que fala sobre Justiça, Equilíbrio e a "Balança Divina", Negro Velho Pai Thomé do Congo vem dizer a você, que aqui chegou e lê esta obra, que essa Balança da qual me atenho a falar e repetir neste texto, para que a fixe bem em sua memória, atuará também sobre esses seres que usam de um pseudopoder religioso para manipular algumas pessoas.

Ser um "Cordeiro de Deus", saiba, é adorar ao Pai, a Ele servir, auxiliando a seus irmãos, estendendo a mão a quem lhe for possível, para que trilhe de volta a Ele, na senda evolutiva, em paz. É ser também um cultuador dos Sagrados Orixás, fazendo dessa fé uma mola propulsora da sua própria evolução e de seus irmãos.

Ser um "Cordeiro de Deus" é tudo isso que citei, e não ser um cordeiro do pastor, do padre, do pai de santo, do dirigente espiritual ou sacerdote de qualquer outra religião.

Falo isto porque, em uma obra que fala da Evolução nos sete Sentidos da Vida, em um comentário sobre a Justiça e o Equilíbrio, é preciso que se deixe claro que, também na manifestação da Fé, há de se ter justiça, razão e equilíbrio, para que a evolução se processe de forma reta.

Afinal, ou os sete Sentidos fluem de modo correto, ou a Evolução estará prejudicada.

A justiça purificadora

A todos aqueles que, de alguma forma, atuarem desequilibrando o processo evolutivo de alguém ou de um grupo de pessoas, saiba que o Sentido da Justiça de Deus atuará de forma corretora.

E, se o Sagrado Pai Xangô, manifestador natural da Justiça Divina, atua como aplicador deste sentido, equilibrador, e é um Trono Universal, por outro lado, há o Trono Feminino de atuação Cósmica e purificadora, a Divina Orixá Oro Iná (Kali Yê).

Essa Divina Mãe, Orixá da Justiça e da Lei, atua como o fogo purificador (ao final desta obra, você terá acesso a uma relação dos Sentidos da Vida com os elementos da natureza). Pois, se o Amado Pai Xangô é o próprio fogo abrasador, aquecedor, da razão, nossa Amada Mãe Oro Iná surge como o fogo consumidor e purificador dos vícios, dos desequilíbrios.

Portanto, saiba você, todo aquele que atenta contra o Sentido da Justiça e contra o equilíbrio, deverá encontrar, em seu caminho, as labaredas dessa Sagrada Orixá.

A justiça direcionadora

Neste capítulo destinado à Justiça Divina, assim como no próximo, destinado à Lei Maior, você poderá perceber que estes dois Sentidos andam lado a lado, invariavelmente, para que a Evolução se processe de forma contínua com equilíbrio e ordenação.

Se, anteriormente, dissertei sobre a Mãe Oro Iná, Trono Cósmico da Justiça, atuante também nos campos da Lei, falo agora sobre a Sagrada Mãe Iansã, Trono Feminino e Cósmico da Lei, atuante também nos campos da Justiça Divina.

Esta Divina Mãe Orixá, com suas espirais dos ventos (é conhecida como a Senhora dos Ventos pelos cultuadores dos Sagrados Tronos), direciona todo aquele ser que se desequilibra neste Sentido da Vida, encaminhando-o a domínios onde seja amparado e corrigido, até que retome sua consciências e retorne para um fluir natural de sua evolução.

Tudo isto é necessário, pois desequilíbrios na caminhada evolutiva acabam prejudicando, invariavelmente, o todo à sua volta.

Então, esses Tronos Cósmicos aqui citados (Mãe Oro Iná e Mãe Iansã) cumprem função estratégica importantíssima na evolução dos seres em nosso abençoado planeta, garantindo assim que as evoluções individuais, além da coletiva, não sejam paralisadas por conta dos desequilíbrios de alguns seres.

Agora, encerrando meu breve comentário neste livro, uma iniciativa desses irmãos Mestres da Luz, da "Ordem Mágica Caminhos da Evolução", Negro Velho Pai Thomé do Congo vem dizer a você que a "Balança Divina", do Sagrado Pai Xangô, a tudo está atenta. E cada pensamento, palavra ou atitude proferida nela será colocado.

E, quando necessário, as Divinas Mães Cósmicas atuarão aplicando a Justiça Divina, sentido fundamental para que a Evolução se processe com equilíbrio.

Mestre Gehusyoh

Equilíbrio mental

Após esses comentários elucidativos, por parte desses irmãos Mestres da Luz, não me prolongarei muito, pois acredito que você já tenha compreendido o quão fundamental é o quarto Sentido da Vida para o fluir natural do processo evolutivo.

Afinal, com Fé, Amor, Conhecimento e Equilíbrio (Justiça), você concorda que terá chegado até este ponto da sua empreitada (o caminho evolutivo que leva de volta ao Pai) com sucesso, não é mesmo?

Mas, antes que prossigamos e adentremos ao próximo Sentido da Vida, gostaria de deixar aqui um breve comentário, para que você o leve e o tenha como provocador de uma reflexão profunda.

Se estamos falando, neste capítulo dedicado à Justiça, o quarto Sentido da Vida, em equilíbrio, pergunto-lhe: O que é, de fato, este "equilíbrio"? Como obtê-lo e trilhar em paz pela estrada da evolução? Reflita sobre isto. Tem pensado muito nisso?

Intenciono contribuir para esta sua reflexão e vou atrever-me a "cutucá-lo".

Você se considera um ser equilibrado? Suas atitudes têm demonstrado isto? Como você tem agido e reagido a tudo o que lhe acontece no seu dia a dia?

Mentalize, procure lembrar-se, afinal, é justamente nela (a mente) que está a chave da questão.

Para conseguir um equilíbrio real e concreto (e não há evolução que se processe como deve ser, com algum tipo de desequilíbrio), a mente do ser tem de estar equilibrada.

Exatamente! Você concorda? Espero, honestamente, que sim!

Uma mente sadia, voltada para as coisas Divinas, para o Amor ao próximo e para a evolução coletiva, com certeza, manifestará naturalmente esse equilíbrio tão necessário para a sua própria evolução e de todos à sua volta.

Uma mente desequilibrada, tenha certeza, não apenas prejudicará o processo evolutivo da pessoa enferma, como poderá causar alguns prejuízos àqueles que vivem à sua volta.

Porque, invariavelmente, caro leitor, um desequilíbrio individual acaba afetando os que o cercam. Pois, se Deus não nos fez "ilhas", foi para que vivêssemos em sociedades/comunidades, de braços dados, contribuindo amorosa e, fraternalmente, uns para a evolução dos outros e, consequentemente, todos para a evolução coletiva.

Porém, quando há uma negativação neste sentido, ocorre o oposto, e o desequilíbrio acaba afetando aqueles que cercam a pessoa portadora da mente desequilibrada.

É importante este comentário, pois minha intenção é levá-lo a uma reflexão profunda.

Não pense que estou aqui me referindo a pessoas loucas, insanas! Não estou, mesmo!

Esses desequilíbrios manifestam-se, muitas vezes, em pequenas atitudes, em atitudes até corriqueiras, de pessoas consideradas equilibradas. E é por isso que insisto para que você se volte para seu interior e reflita.

Afinal, se no comentário inicial do Mestre Mago da Luz Rhady foi colocada a questão da "injustiça", ou daquele que se sente "injustiçado", seguindo esta mesma linha, questiono: Você, em algum momento, já manifestou algum tipo de desequilíbrio, provocando-o, consequentemente, à sua volta?

Pense sobre isso. Volte-se para o seu interior, converse com Deus, peça equilíbrio ao Divino Trono da Justiça.

Acenda uma vela, ofereça-a a Deus e ao Sagrado Pai Xangô. Use da energia elemental ígnea (do fogo) em seu benefício. Ou simplesmente se ajoelhe, reze, peça clareza, discernimento e equilíbrio na sua caminhada.

A verdadeira conexão com Deus e Suas Divindades pode contribuir muito, em todos os Sentidos da Vida, para o fluir natural do caminho evolutivo. E o equilíbrio é peça fundamental nesta engrenagem.

Neste caso, especificamente, conecte-se com Deus, com Sua Justiça Divina. Não é necessário que vá a templo, terreiro ou igreja para isso, pois pode fazer em sua própria casa. Mas, também não há impedimento algum de fazer isso em algum ambiente religioso.

É preciso que fique claro que, em nossos comentários nesta obra, não estamos "pregando" que você pare de frequentar os templos religiosos, mas apenas que você encontre Deus em seu íntimo e manifeste a sua fé e religiosidade a partir de si próprio. Pois, só assim, trilhará sua senda evolutiva de forma independente, com força, como quer o Pai. E será mais um manifestador da Vontade d'Ele, apto para auxiliar àqueles que estão ao seu redor.

Busque o equilíbrio, pratique a Justiça o tempo todo, aja sempre por meio da razão. E terá, no quarto Sentido da Vida, todo amparo e apoio necessários para que sua Evolução flua a contento.

Dito isto, partiremos agora para os comentários acerca do quinto Sentido da Vida.

Evolução com Ordenação

Mestre Gehusyoh

Falar sobre a Lei Divina requer sempre muito cuidado. Na estrada evolutiva, você já compreendeu que, alicerçado na Fé, com Amor, banhado em Conhecimento, com Equilíbrio, estará até este ponto trilhando seu caminho bem e de forma correta.

Então, quando isto acontece, chega ao ponto em que precisa ordenar sua "empreitada". Entenda esse "ordenar" como organizar os procedimentos.

E essa organização ocorre quando você, ciente e consciente de seus direitos e deveres, age dentro da Lei do Pai, que nada mais é do que um código de condutas e procedimentos, em que vale a máxima disseminada há tanto tempo no plano material: "o seu direito acaba quando inicia o do seu irmão".

Se Deus manifesta Suas Qualidades e Poderes Divinos pelos sete Sentidos da Vida, saiba que, por meio da Sua Qualidade Ordenadora, aplica Sua Lei em todas as galáxias, planetas, planos, dimensões e universos paralelos.

E, como em todos os Sentidos, criou em Si uma Divindade que O manifesta naturalmente e é guardiã de todos os procedimentos: o Divino Trono da Lei.

Como o ar que a tudo movimenta, essa divindade regula todos os procedimentos e condutas na Criação do Pai, ordenando, regulando e aplicando a Sua Lei o tempo todo.

Por meio deste início de comentário, espero provocar em você uma reflexão sobre tal Sentido.

Se, no capítulo anterior, foi comentado sobre o Sentido da Justiça e até mesmo sobre as "justiças" pessoais ou individuais (daqueles que se sentem injustiçados e acham-se no direito de aplicá-la), deixo aqui um questionamento: O que é a Lei Divina? Como é a Lei Divina? Você procede sempre dentro dos ditames da Lei de Deus?

Livre-arbítrio

O livre-arbítrio permite aos espíritos, encarnados e desencarnados, que "transitem" conforme suas consciências. E, saiba, esse recurso é um acelerador da evolução e um "presente divino" concedido pelo Pai a nós, espíritos humanos.

Já consciente disso, você pensará: "Mas, então, o livre-arbítrio permite que eu seja e aja como achar melhor, não é mesmo?".

E eu respondo: o livre-arbítrio permite que você aja conforme a sua consciência. Até porque esse recurso concedido por Deus nada mais é do que uma forma de aprimorarmos e aperfeiçoarmos nossas consciências por meio de experiências próprias.

Ou não é verdade que as experiências vividas por você sempre são mais fortes, válidas e tocam bem mais profundamente em sua alma do que aquelas relatadas ou vividas por outras pessoas?

Pois bem, de posse deste livre-arbítrio, você poderá sim transitar por onde quiser: na direita, na esquerda, no alto no embaixo. A escolha é somente sua. E as consequências, também são de sua exclusiva responsabilidade.

Porém, o recurso do livre-arbítrio não isenta nenhum ser dos "Olhos da Lei". São olhos que nunca dormem e estão atentos, o tempo todo, a todas as atitudes e procedimentos por nós realizados.

E serão esses "Olhos da Lei", que podemos chamar também de "Olhos Polarizadores", que, no momento determinado a cada um, encaminharão os espíritos humanos aos seus lugares de merecimento. Seja qual for o lugar, na direita, na esquerda, no alto ou no embaixo. O Divino Trono da Lei apenas aplicará a Lei do Pai, conforme o caminho trilhado pelo indivíduo. Então, na realidade, o que ocorre é que cada um, como se diz no plano material, "colhe o que planta".

Imagine, caro leitor, o plano onde vive sem ordenação, sem lei. Pense, por exemplo, se no seu ambiente profissional não houver ordenação. Imagine se não houver ordenação na escola de seu filho, filha ou na universidade onde estuda. O caos estará estabelecido, não é mesmo?

A Lei é necessária e fundamental em toda a Criação de Deus, porque é por meio dela que as evoluções se processam corretamente. E esse "corretamente" não se refere apenas àqueles que seguem na linha reta e "correta" evolutiva, mas também àqueles que se negativam, pois "corretamente" são enviados para seus lugares de merecimento, para que lá tenham esgotados seus negativismos e possam retomar o caminho evolutivo como deseja o Pai.

Lei do Karma

Voltemos agora à sua infância, no seu tempo de escola.

Sua professora (ou professor) observava sempre seus procedimentos em sala de aula. Seu desempenho, mas também seu comportamento.

Nos minutos que antecediam o início das aulas, no pátio da escola, na saída, ao final das aulas e nos intervalos (recreio), todos os seus procedimentos eram observados e "anotados", se não pelo professor ou professora de sala de aula, por algum (a) outro(a) membro da direção ou com funções fiscalizadoras.

Tudo o que você fazia lá dentro era "anotado" por esses profissionais. Se agisse fora dos procedimentos corretos, seus pais eram chamados. Se persistisse com tal comportamento, poderia até ser suspenso ou expulso. Lembra-se disso tudo?

Então, este comparativo tem a intenção de, por meio da sua memória, mostrar como atua a Lei Divina, pois ela está o tempo todo de olhos bem abertos para tudo o que fazemos, como agimos, nos comportamos e, especialmente, como convivemos com nossos semelhantes.

Fala-se muito, no plano material, na Lei do Karma, Lei do Retorno ou Lei da Ação e Reação. E tudo o que eu possa dissertar aqui ou já foi escrito em várias obras espiritualistas a respeito deste assunto está mais do que comprovado cientificamente.

Muitos temem a Lei do Retorno. Outros (como foi comentado no capítulo anterior) se sentem injustiçados porque não conseguem identificar em suas atuais vidas no plano material a causa de algumas vicissitudes pelas quais passam.

Para que possamos, de forma simples como é o objetivo desta obra, sintetizar e deixar bem compreendido o que é a Lei do Karma, digo: é, se colocado dentro desse comparativo que fizemos com seu tempo de escola o procedimento do professor ou da professora, do diretor ou da diretora, resultante do seu comportamento e da sua conduta.

Se você procurar agir sempre dentro dos ditames da Lei de Deus, não precisa se preocupar ou temer.

Obviamente, esta Lei de Retorno é aplicada o tempo todo e, invariavelmente, as pessoas passam por dificuldades, por conta de erros de um passado anterior a esta atual etapa na carne. É assim, doa a quem doer!

Tudo o que o ser passa em sua vida no plano material tem causas e é consequência do que viveu, da forma que agiu e como aplicou seu livre-arbítrio durante sua caminhada, em todas as encarnações, em todas as dimensões e planos da vida por onde passou.

Então, caro leitor, você pode agora concluir que livre-arbítrio e Lei de Retorno estão intimamente ligados, e o segundo é sempre consequência do primeiro.

A Lei do Karma não é cruel, como muitos pensam. Ela apenas é justa e aplicadora da Lei Maior.

Portanto, procure, mais a cada dia, agir dentro dos ditames da Lei. E, garanto-lhe que, com o passar do tempo, se sentirá cada vez mais se sutilizando, de modo que o "peso" que o acompanha há tanto tempo terá ido embora. E você estará de alma renovada.

Esta obra não tem cunho científico, não mostra nenhuma novidade e não quer ser a última palavra na espiritualidade. Nossa intenção única é, por meio dos nossos comentários, mostrar a você que é possível trilhar uma jornada evolutiva, seguindo bem e usufruindo corretamente dos benefícios colocados à nossa disposição por Deus, por meio dos sete Sentidos da Vida.

O Caminho da Evolução, para nós, magos da "Ordem Mágica Caminhos da Evolução", passa por esses sete Sentidos, e tem este Sentido, o da Evolução, como fundamental para que toda a jornada evolutiva se processe bem.

Eu, Mago Gehusyoh, desejo, honestamente, que você compreenda nossos comentários, absorvendo em seu íntimo o que temos aprendido durante nossas caminhadas e estamos procurando mostrar por meio desta obra.

Este capítulo segue, agora, com o comentário de um Mestre da Luz atuante sob a irradiação da Lei Divina.

Eu, Gehusyoh, volto a comentar no próximo capítulo, sobre o sexto Sentido da Vida.

Caboclo Arranca Toco

Nos templos religiosos, especialmente, nos terreiros de Umbanda, a Lei de Deus é muito respeitada e temida, até.

Porque as pessoas que recorrem a esta religião ou às religiões em geral, intimamente, sabem como procede a Lei do Pai.

Na Religião de Umbanda, essa divindade, que é a própria qualidade ordenadora de Deus, é representada pelo Sagrado Orixá Ogum.

Com sua espada, ele corta todos os males e demandas. Com sua lança, mata o "dragão" que aflige os filhos de Deus. E esse dragão pode levar a várias interpretações, mas, tenha em mente que é na lança da Lei, se você a ela recorrer de forma justa, que terá os males paralisados. Com seu escudo, protege todos os filhos de Deus dos males que podem atingi-los, da ignorância que ainda impera no meio espiritual e material humano.

É muito comum, nos trabalhos de Umbanda, recebermos pedidos, clamores até, de adeptos que são demandados, que têm suas vidas atrapalhadas por trabalhos ou magias de baixa vibração, que visam destruir àqueles que, por essas pessoas ignorantes, são visados.

Saiba que o Divino Pai Ogum, aquele que é a própria Lei de Deus, a tudo vê e, invariavelmente, procederá na correção desses procedimentos.

Aplicador da Lei, o Sagrado Pai Ogum tem entre seus principais fatores (verbo ação) o polarizador. Porque ele encaminhará a todos, conforme seus procedimentos.

Já ciente da necessidade de ordenação e de Lei que há em toda a Criação de Deus e sabendo que, assim como no plano material e também abaixo e acima do plano material (e em todas dimensões paralelas à material), há uma Lei que tudo rege, vê e fiscaliza, então pode agora medir com mais responsabilidade as consequências de suas atitudes, pensamentos e palavras.

Sim, as palavras e pensamentos, muitas vezes, causam estragos inimagináveis!

A mente humana possui uma força muito maior do que muitas pessoas possam imaginar. E há seres que possuem essa consciência e dela se usam para o bem-estar coletivo. Mas, infelizmente, há aqueles que têm consciência disso e a usam em benefício de seus propósitos mesquinhos.

Estes, banhados em ilusão e guiados, muitas vezes, pela vaidade, não conseguem vislumbrar as consequências de seus atos e que estão "cavando seus próprios buracos".

Porque, com real consciência de como atua a Lei Divina, o ser, em hipótese alguma, agirá neste Sentido, pois sabe que os olhos atentos do Pai Ogum estão sobre ele e seus atos, palavras, pensamentos e procedimentos. E as consequências disso tudo, se boas, o beneficiarão; se equivocadas, o corrigirão.

A Lei é coletiva

Meu comentário é breve, mas fundamenta-se em uma preocupação, pois tenho visto, ao longo dos trabalhos que realizo com este médium psicógrafo, a preocupação das pessoas quando recorrem à Lei Divina para resolução de seus problemas mais imediatos.

Isto, infelizmente, tem levado as pessoas a recolherem-se em seus "casulos". Buscam a Lei, pedindo auxílio na conquista daquilo que consideram bom para si.

Deus, nosso Pai, criou-nos para que caminhássemos juntos. E Sua Lei tem a função de "ordenar" os procedimentos, para que as evoluções individuais e, consequentemente, a evolução coletiva se processem de modo ímpar, fazendo com que todos os Seus filhos tenham as mesmas oportunidades, sem qualquer tipo de distinção, a Ele retornem já manifestando Suas qualidades divinas.

Porém, cada vez mais, vejo humanos encarnados buscando a Lei individualmente. Então, sugiro, por meio desta intervenção neste livro que pretende ser um esclarecedor para a evolução de quem a ele recorrer, que se volte para o seu interior e pense em suas atitudes, palavras e pensamentos. Reflita e analise-se, veja se você está agindo conforme a Lei do Pai. E, saiba, agir dentro da Lei não é somente "não fazer coisas erradas" ou "não prejudicar os semelhantes". Afinal, se você está encarnado, não é para ficar parado ou dentro de seu "casulo" esperando que algo lhe aconteça de bom.

Você recebeu a oportunidade de estar, neste momento, onde está, e o Pai espera que você retribua trilhando bem sua jornada evolutiva. E trilhar bem esta jornada evolutiva é, sim, agir dentro da Lei, mas é, fundamentalmente, ser um agente e aplicador da Lei Maior.

Mas, como poderá fazer isto? Afinal, você pensará, isto é uma atribuição dos guias espirituais!

Pois, eu digo: é uma atribuição de todos os filhos de Deus. Cada um em seu grau evolutivo, no lugar onde se encontra, para o grupo que está à sua volta, pode e deve ser um aplicador da Lei do Pai.

Isto não significa que você deva, a partir de agora, pegar uma lança, um escudo e uma espada e sair "aplicando-a" mundo afora, muito menos punindo, a seu modo, quem quer que seja.

Quer dizer que você, filho de Deus, que lê esta obra, aplicará a Lei d'Ele sim, usando da palavra, disseminando o que Ele quer: o Amor, de forma ordenada, a todos os seus irmãos. Aplicar a Lei é plantar uma semente de consciência nas mentes e corações humanos.

E, se fizer isto, sentir-se-á renovado, pois terá, de algum modo, levado o Verbo Divino a alguém.

Eventualmente, quando não lhe derem ouvidos, se caçoarem de você, não desanime, pois fez sua parte.

E, se falo neste comentário em Lei Coletiva, é justamente com o intuito de conscientizá-lo de que deve ser um disseminador da Lei de Deus. Que não espere o momento de ir ao terreiro de Umbanda ou qualquer outro templo religioso para clamar por ela ou vê-la ser aplicada, mas que contribua para que seja executada no dia a dia, por meio do Verbo Divino, que será manifestado pela sua voz.

E, quando for ao terreiro ou templo de qualquer religião, adentre-o para celebrar, junto ao Pai Ogum, aos Sagrados Orixás e a Deus, a aplicação da Lei, da qual você é um agente responsável e fundamental.

É um prazer para mim, um Caboclo Arranca Toco, contribuir para esta obra que visa levar uma luz a quem a ela chega, mostrando um pouco de como Deus quer que trilhemos nossas jornadas evolutivas.

Este capítulo segue com o comentário de mais um Mestre da Luz.

Mestre Rhady

Após os comentários destes irmãos Mestres da Luz sobre o quinto Sentido da Vida, serei breve. Abordarei acerca dos aspectos corretivos da Lei.

Há dois Tronos Cósmicos, duas Orixás aplicadoras da Lei Divina: a Sagrada Mãe Iansã, Divino Trono Feminino da Lei, e a Sagrada Mãe Oro Iná, Divino Trono Feminino da Justiça.

No capítulo anterior, abordando a Justiça Divina, no comentário do Senhor Mestre da Luz Preto-Velho Pai Thomé do Congo, essas duas Divinas Mães foram abordadas, quando foi dito que ambas atuam nos dois campos: Lei e Justiça.

E, realmente, isto já não é mais novidade alguma no plano material, pois vem sendo disseminado por Mestres da Luz por meio de livros, cursos de Teologia de Umbanda e Magias Divinas.

Se a Sagrada Mãe Iansã é polo cósmico negativo e corretor no Sentido da Lei, com suas espirais dos ventos, atua como aplicadora deste Sentido também nos campos da Justiça Divina.

Já a Sagrada Mãe Oro Iná é polo cósmico negativo e corretor no Sentido da Justiça; com suas labaredas de fogo, atua como aplicadora deste Sentido nos campos da Lei de Deus.

O fogo consumidor e purificador

Se, no Sentido da Justiça, temos o Sagrado Pai Xangô como o fogo abrasador, aquecedor e "ajuizador", ou estimulador da razão e equilíbrio; se temos, no Sentido da Lei, o Sagrado Pai Ogum, como o ar que "areja" e conduz os procedimentos; se temos a Sagrada Mãe

Iansã, como o vento ordenador e direcionador nos campos da Justiça e da Lei, temos a Sagrada e Divina Mãe Oro Iná como a divindade aplicadora da Lei Maior e da Justiça Divina por meio do fogo consumidor e purificador. A este Divino Trono você pode recorrer sempre que, por uma causa justa, necessitar que a Lei seja aplicada de forma corretiva. Quando estiver sendo demandado espiritualmente, não titubeie em pedir auxílio a essa Sagrada Orixá, pois, garanto-lhe, sua ação será fulminante e você perceberá o resultado no instante em que o trabalho for concluído.

Se Deus, nosso Pai Maior e Divino Criador, dá a todos nós a oportunidade de seguirmos nossas sendas evolutivas com todos os recursos à nossa disposição, saiba que esse também é um recurso por Ele dado para que as ações de seres movidos pela ignorância sejam paralisadas e as evoluções individuais e a coletiva continuem processando-se com equilíbrio e ordenação.

Equilíbrio e Ordenação, chaves fundamentais para a Evolução. Reflita e perceberá que, sem esses verbos/fatores não há processo evolutivo que prossiga e conclua-se com sucesso.

Por isso, os Sentidos da Lei e da Justiça são indissociáveis. E, juntos, garantem que nossas evoluções fluam de modo contínuo e natural.

Encerro este comentário e este capítulo dizendo a você que, por meio do elemento fogo, a Lei e a Justiça podem ser aplicadas de forma fulminante, em caso de demandas, mas também de modo aquecedor, estimulador ou "acalorador" quando necessário.

Espero que os comentários aqui contidos possam levá-lo a uma reflexão profunda, pois a Lei e a Justiça do Criador são fundamentais para o bom fluir da jornada evolutiva.

Vamos agora ao capítulo destinado ao sexto Sentido da Vida, aquele que é o sentido central desta obra...

Evolução com Sabedoria

Mestre Gehusyoh

Finalmente, chegamos ao sexto Sentido da Vida, aquele que nós, magos da "Ordem Mágica Caminhos da Evolução", temos como essencial (porque é o que nos move na essência), porém, não menos fundamental do que qualquer um dos outros. Afinal, a evolução no caminho que leva de volta ao Pai Criador só se processa de fato quando há um real equilíbrio entre todos os Sentidos Essenciais à Vida.

Então, você, agora, já ciente de que tem a Fé como Sentido fundamental para alicerçar seu empreendimento, o Amor como fundamental para prosseguir com seu objetivo, o Conhecimento como peça-chave para que sua empreitada tenha consistência e possa seguir trilhando no processo evolutivo, o Equilíbrio para que você, em sua jornada, não corra o risco de "balançar" ou "cair", prejudicando assim sua caminhada, a Ordenação, para que seu processo evolutivo realmente (após ter garantido a firmeza nos quatro Sentidos anteriores) siga em frente na via correta (sem prejudicar ou ferir a quem quer que seja)... finalmente, você chega agora ao sexto e fundamental Sentido para a Vida: o da Evolução e da Sabedoria.

No capítulo inicial deste livro, dissertamos sobre a Evolução, seu real sentido e o sentido mais corriqueiro (usando, se me permite, esta palavra comum no plano material e muito propícia para este caso).

Porém, caro leitor, você pode perceber, por meio de nosso comentário, que uma evolução real e concreta se dá quando você, de fato, tem a consciência que ela deve surgir, aflorar do seu interior, crescer e banhá-lo em seu exterior. Caso contrário, reitero, será apenas fruto da ilusão. E este fator, o "iludidor", tenha certeza, além de ser uma excelente arma do materialismo, tem uma "vida" muito curta, pois acabará bem antes de seu período no plano material da vida chegar ao fim.

E, então, quando você se aperceber de que tudo aquilo que vislumbrava anteriormente não passava de mera fantasia, muito provavelmente perceberá também que terá acordado um pouco tarde, ao menos, a tempo de reverter a situação ainda encarnado.

Porém, é preciso ressaltar também que a bondade do Pai para conosco é infinita e, assim que acordar, você, imediatamente, receberá d'Ele mais uma chance para recuar e retomar o caminho reto que leva de volta aos Seus braços.

E, quando falo sobre isto, falo de um fator fundamental neste sentido da vida, sobre o qual dissertarei a partir de agora.

Transmutação: o cajado da Evolução

Em muitas religiões que cumpriram e ainda cumprem suas funções no plano material da vida humana, assim como também em magia, ao longo dos tempos, o cajado tem apresentado-se como um símbolo de apoio, um esteio, um objeto promotor da estabilidade.

E se buscamos a estabilidade, para que o processo evolutivo ocorra de modo produtivo e obtenha sucesso, você há de concordar comigo que a transmutação passa a ser um fator fundamental, não é mesmo?

Pois bem, caro leitor, no início desta obra, o Mestre Mago da Luz Rhady dissertou sobre a importância fundamental desses verbos para que a evolução se dê como quer o Pai.

E se a Evolução (Saber), o sexto Sentido da Vida, é essencial (e você já concorda com isso) para chegarmos ao objetivo, sabemos então que a transmutação passa a ser fundamental para que cheguemos ao "Sol".

E você me pergunta: "Mas por que ela é tão importante assim? Por que essa relação com o 'cajado'? Eu posso caminhar, seguir em frente, com minhas convicções, sem este fator?".

Eu respondo: por um motivo muito simples: quando saímos do âmago de nosso Pai Criador, ainda éramos "centelhas pulsantes", inconscientes de nossa condição e do caminho que deveríamos trilhar. Por isso, ao natural, o fator transmutador acompanhou e acompanha nossa evolução, como fundamental para que retornemos ao Pai adultos e manifestando-o natural-mente.

E esta conclusão, a que você chegará agora (caso ainda tenha alguma dúvida sobre a importância deste fator no processo evolutivo), torna-se muito fácil quando olhamos para a caminhada evolutiva de um ser humano durante a vida no plano material.

Uma criança nasce, ainda inconsciente de suas condições, de quem realmente é, de suas atribuições na vida e do caminho a trilhar. Eu diria, até, que nasce aparentemente inconsciente, pois, durante a vida, apenas vê o despertar de sua consciência fluir, assim como de suas faculdades, dons, gostos, etc.

Porém, de qualquer modo, esse desenvolvimento vai se dando ao longo da vida e o fator "transmutador" vai garantindo que a evolução dessa criança se processe, inclusive, fazendo com que não seja criança "para sempre", cresça, evolua e, já adulta, possa manifestar suas qualidades, virtudes. Defeitos também, a fim de, vivendo na carne, aperfeiçoá-los.

Tudo isso, caro leitor, no processo evolutivo na vida terrena, ocorre graças ao fundamental fator transmutador.

Você concorda que, se o ser continuasse criança ou bebê durante toda uma encarnação, a vida no plano material não teria sentido algum, não é mesmo?

E concorda também que um ser que vem com a função/ missão de salvar vidas, por meio da medicina (você já sabe que a vida profissional é fundamental na evolução espiritual), precisa transmutar-se durante a vida, aprendendo, evoluindo, pois não nasce médico.

Então, já ciente disso, você agora pode entender por que a transmutação é essencial para o processo evolutivo.

O ser, ao sair do âmago do Pai Criador, vai "crescendo" e desenvolvendo-se até, já "adulto", após passar por todos os estágios evolutivos, retornar aos braços d'Ele, já consciente de sua condição de manifestador da Sua Divindade.

E, desse modo, poderá auxiliar a Criação como um todo, como assim deseja Deus, nosso Pai e Criador, na sua constante evolução.

Por isso, temos no Sentido da Evolução, o sexto da Vida, o fator Transmutador como principal e fundamental, pois este verbo permite que cresçamos, evoluamos de fato e cheguemos ao "Sol" da forma que quer o Pai.

Para sua reflexão, coloco a seguinte questão: Se temos o Sentido da Evolução como fundamental na caminhada rumo ao Sol, pois ele é a vontade do Pai em Si, então chegamos à conclusão de que o fator Transmutador está em todos os outros Sentidos anteriores, auxiliando na caminhada, porque a Evolução, em verdade, está presente em todos os outros Sentidos da Vida. E todos os Sentidos da Vida, com seus Fatores Divinos, estão presentes na Evolução.

Parece complicado? Mas não é. Vou explicar: Fé (Religiosidade, mas também a Fé em qualquer objetivo ou empreendimento), Amor (União, Concepção), Conhecimento (Expansão do Raciocínio), Justiça (Equilíbrio e Razão), Lei (Ordenação)...

Para chegarmos ao sexto Sentido da Vida, foi necessário passar por todos os que citamos no parágrafo anterior. E, então, você percebeu que o Sentido da Evolução, com seu Fator Transmutador, esteve presente em todos eles, pois foi transmutando-se que o processo evolutivo foi acontecendo até chegarmos ao ponto em que nos encontramos. E para que a transmutação se processasse, a Fé, o Amor, a Expansão do Conhecimento, o Equilíbrio e a Ordenação foram fundamentais!

Compreendido isto, é necessário ressaltar que transmutar-se não é "mudar", ou não é a tal "mudança" que muitos falam por aí. Pois este fator, na verdade, passa pela transformação do ser. "Mudando" o ser também colocaria em xeque sua essência e, esta, a qual adquirimos quando criados pelo Pai, é intocável e eterna, pois nos acompanha para todo o sempre.

É importante refletir sobre isto: o ser não muda, transforma-se, transmuta. Se mudasse, também alteraria sua essência, e o objetivo do Pai é a Evolução e não a mudança.

Espero que meu breve comentário sobre a Evolução, o sexto Sentido da Vida, tenha sido elucidativo e contribuído para que você adentrasse a este capítulo compreendendo melhor a intenção desta obra que é, nada mais, tentar provocar em quem a ela chega uma profunda reflexão íntima sobre sua própria caminhada, propósitos, objetivos e rumos.

Este capítulo prossegue com o comentário do Mago Rhady. Em seguida, explanarei o sétimo Sentido da Vida.

Mestre Rhady

Falar sobre Evolução, o sexto Sentido da Vida, sob a ótica religiosa, é uma boa oportunidade para abordar-se acerca da deturpação das pessoas, no plano material da vida, com relação a este Sentido.

Muitos procuram os templos religiosos, seus sacerdotes, médiuns, etc., porque buscam a tal "evolução". E, quando imbuídos dessa "sede", encontram-se dispostos a quase tudo para alcançarem seus objetivos.

É muito comum vermos pessoas que acabam cedendo às negatividades de sacerdotes de várias religiões, iludidas por promessas de "evolução", progresso material e espiritual.

Perceba você, que até aqui chegou, que já está ciente de que a verdadeira evolução ocorre de dentro para fora, que o tal "progresso" citado no parágrafo anterior está invertido. E, estando invertido, está errado.

Todas as aquisições materiais podem contribuir sim para que você trilhe sua jornada de modo mais tranquilo. Mas, quando o ser se torna escravo da matéria e do materialismo, essas aquisições acabam tornando-se uma arma contra o próprio ser.

Você quer realmente evoluir espiritualmente e, por consequência, materialmente? Então, comece agradecendo ao Pai por tudo o que tem. E, a partir daí, trabalhe seu íntimo, questione-se o tempo todo sobre suas atitudes, palavras, pensamentos. Não inveje, ame. Não cobice, lute pelo que é seu. Não blasfeme, peça a Deus forças para seguir em frente e chegar ao "Sol".

E você verá, a partir de então, que, ao natural, sua evolução se processará dentro do seu grau, do seu merecimento e do que lhe foi determinado pelo Pai Maior e Divino Criador. Com aquisições materiais sim, mas, fundamentalmente, com tranquilidade, estabilidade, você se sentirá seguro em seus pensamentos e atitudes, pisará firme a cada passo, usando da sabedoria, pois esta sim é a grande arma para seguir em paz a jornada evolutiva rumo ao "Sol".

E saberá que você terá o que lhe é necessário, mas conquistará sempre algo a mais, se comparado ao momento de partida. Basta trabalhar, caminhar rumo ao objetivo maior. Pois, parado, ninguém conquista nada.

E se em todos os Sentidos da Vida anteriores a este, que dá nome e fundamentação a este livro, comentamos sobre divindades que pontificam esses Sentidos como manifestadores das Qualidades do Pai, neste capítulo não será diferente...

Pai Obaluayê e Mãe Nanã Buruquê, os Tronos da Evolução

Senhor das Almas, Senhor das Passagens, assim é conhecido o Divino Pai Obaluayê, Sagrado Trono Masculino e Universal da Evolução.

Essa divindade é responsável pelas passagens entre as realidades. Responsável pela reencarnação dos seres, é o Divino Orixá que reduz o espírito ao tamanho do feto para que a reencarnação se processe. É também o Orixá responsável pela passagem do ser no momento do desencarne. Por isso, está associado aos campos-santos (cemitérios). E carrega, como um de seus principais fatores, o Transmutador.

Senhora da Evolução, assim é conhecida a Divina Mãe Nanã Buruquê, Sagrado Trono Feminino e Cósmico da Evolução.

Essa divindade é responsável pelo adormecimento (da memória, inclusive) dos espíritos, preparando-os para a reencarnação e entregando-os ao Pai Obaluayê para o prosseguimento do processo. Tem como principal fator o Decantador dos sentimentos negativos. E a ela você pode recorrer sempre que assim necessitar, pedindo-a que decante toda e qualquer negatividade, levando embora o peso e os sentimentos que o incomodam.

O Mistério Ancião

Este Mistério da espiritualidade fundamenta-se neste Sentido da Vida e, por consequência, nos Sagrados Orixás anteriormente citados.

O Mistério Ancião se manifesta na Religião de Umbanda por meio dos senhores e senhoras Pretos-Velhos e Pretas-Velhas.

Estando, estes guias espirituais, sob irradiação do Pai Obaluayê e da Mãe Nanã, divindades manifestadoras do Sentido da Evolução e da Sabedoria, há alguma dúvida de sua importância e função estratégicas na religião, mas, fundamentalmente, na vida das pessoas?

O Mistério Ancião traz até os seres humanos encarnados a Sabedoria Divina, por meio de Suas Divindades manifestadoras de Suas Qualidades do Saber, e dos espíritos humanos outorgados para tal função: os Senhores Pretos-Velhos e Senhoras Pretas-Velhas.

Saiba você: todo o guia espiritual atuante nos templos de Umbanda trabalha sob a irradiação dos Sagrados Orixás, que se são divindades regentes da Natureza; também são divindades manifestadoras de qualidades e poderes de Deus.

Então, agora você compreende a importância deste Mistério na vida das pessoas (mesmo vivendo na sociedade ocidental, que trata o "velho" como inútil).

A Ordem Mágica Caminhos da Evolução: servidora do saber

Evolução = Saber = Trilhar o caminho que leva de volta ao Pai, pisando firme e sabendo, a cada passo, que está no rumo certo que leva ao "Sol".

Nossa Ordem, sobre a qual falei demoradamente no início deste livro, nada mais é do que um agrupamento de espíritos servidores do Sagrado Pai Obaluayê, dos Sagrados Orixás, os Tronos Divinos, e de Deus, nosso Pai Maior e Divino Criador, que, por meio da Magia, trabalham incansavelmente para a evolução do planeta e da dimensão humana, em especial.

Nada fazemos além de, sob a irradiação Evolutiva de nosso Amado Pai Obaluayê, atuar o tempo todo em prol dos espíritos que se encontram sob nossa tutela, para que trilhem corretamente seus caminhos evolutivos, transmutem-se e, com tranquilidade e estabilidade, possam servir ao Pai, contribuindo para a evolução de seus irmãos.

Magia: preconceito sem fundamento

Muitos se assustam quando ouvem falar em Magia. E, já banhados em um preconceito milenar, não se apercebem de que ela, a Magia, nada mais é do que um recurso divino.

Ao longo dos tempos, o próprio ser humano foi "cavando seu buraco". Por conta de suas atitudes mesquinhas, vaidade, egoísmo, acabou invertendo recursos e sentidos que Deus lhe concedeu para que trilhasse seu caminho rumo ao "Sol".

A Magia, em todos os seus graus, como é e está sendo trazida ao plano material pelo Colégio Tradição, da quinta Faixa Vibratória Ascensa à materia humana, está entre os encarnados, também, com o intuito de mostrar a todos que Deus, por meio de Seus sete Sentidos Fundamentais à Vida, quer que Seus filhos evoluam. E os recursos colocados à disposição de todos nós o são para isto.

Quando você faz uma oração muito forte e sente uma real mudança em si, no ambiente, ou até mesmo na pessoa para a qual pediu a Deus, saiba, está realizando uma magia.

Quando você acende uma vela para um santo, Orixá, Anjo ou até mesmo para Deus e sente a mudança necessária, também está realizando uma magia.

Quando você toma um banho de mar, rio ou cachoeira e sente-se renovado, saiba, você usou de magia para melhorar.

Porque mágico é o ato de renovar-se por meio da Natureza ou de seus elementos. Mágico é o ato de purificar-se, ou ao semelhante, por intermédio de Deus. Porque Deus e a Natureza confundem-se, tornando-se unos.

Deus é a Natureza e a Natureza é Deus manifestado ao nosso redor e à nossa disposição o tempo todo.

Por isso, pense bem, antes de dizer que Deus o abandonou, que não está com você. Olhe para a árvore, vá até ela, vá até Ele e, de forma mágica, comece a mudar o que precisa ser mudado.

Magia é servir a Deus. Mas há quem inverta este recurso com o qual Ele nos presenteou?

Sim, realmente há. Mas, quanto mais você se preocupar com isso, mais campo de atuação estará dando a esses seres equivocados, ignorantes e que, muito em breve, esgotarão seus negativismos nos polos negativos dos Sagrados Orixás.

Vou propor-lhe uma magia muito simples: mentalize Deus, nosso Pai, a Natureza ao seu redor. Escolha um ambiente e um elemento da Natureza com o qual mais se identifique. Feche os olhos, mentalize-o e vá até lá. E mantenha-se assim por alguns minutos. Você verá que voltará renovado, garanto-lhe!

Deus quer isto de você: manifeste-O o tempo todo. Deixe a negatividade para trás. Esqueça aqueles que trilham o caminho contrário. Trilhe você o caminho correto.

Fazendo assim você servirá de exemplo para muita gente que recuará, retornará e passará a trilhar o caminho que leva ao "Sol".

Neste capítulo que fala sobre Evolução, o sexto Sentido fundamental à Vida, o que move na essência a todos nós, Magos desta Ordem, muito mais do que uma dissertação científica (que você poderá encontrar, de forma mais bem fundamentada, nos livros publicados com comentários dos Mestres do Colégio Tradição de Magia Divina), optei por deixar esta mensagem para que provoque sua mais íntima reflexão. E espero, sinceramente, que toque seu coração.

Evolução é sabedoria, é humildade, é pensar muito antes de falar qualquer coisa, é voltar-se o tempo todo para o seu íntimo, é agir como se pensa, com coerência, é fazer tudo aquilo que realmente move o ser (fazer para si e para o semelhante), é amar a Deus, à Natureza e aos irmãos, sem exceção.

Evolução é também caminhar no rumo do "Sol", dando as mãos, cada vez mais, a cada passo, para os irmãos que encontrar pelo caminho. Pois suas mãos têm uma força infinita, seus braços são gigantes. Essa força que lhe foi dada pelo Pai permite que ande de mãos dadas e ampare em seus braços um número infinito de semelhantes.

Siga, vá em frente, e verá um "Sol" tão ou mais brilhante, como nunca dantes.

E após este comentário sobre a Evolução, sexto Sentido da Vida, vamos ao fundamental sétimo Sentido...

# 9

Evolução com Criatividade

Mestre Gehusyoh

Fé, Amor, Conhecimento, Justiça, Lei, Evolução... e chegamos ao sétimo Sentido, da Geração, da Criatividade e da Vida.
  Perceba que você já se alicerçou na Fé e a tem como fundamental para iniciar a caminhada rumo ao "Sol". Banhou-se no Amor, pois sabe que sem ele não há caminhada que prossiga. Mergulhou no Conhecimento, pois só com ele você poderá expandir seu raciocínio e trilhar a jornada sem "surpresas" ingratas (e também, com ele, tem a garantia de que continuará realmente seguindo pela via correta). Equilibrou-se na Justiça e na Razão, pois sabe que nesse Sentido da Vida você tem a medida para prosseguir no espaço que lhe é cabido, sem afetar a quem quer que seja e sem ser afetado. Ordenou-se, pois sabe que, dentro dos ditames da Lei, tudo se processa e sua caminhada tem a garantia de prosseguimento lícito. Transmutou-se durante toda a caminhada, pois só assim a Evolução se processa de forma plena. E, após partir da "Cruz", trilhando a estrada que leva ao "Sol", você está prestes a, usando da

Criatividade, faculdade fundamental que lhe foi concedida pelo Pai, gerar seu projeto, empreendimento ou até mesmo Vida.

O sétimo Sentido da Vida passa a ser fundamental neste momento, quando você, já tendo passado por todos os outros seis Sentidos fundamentais no caminho evolutivo, finalmente, dá vida e mobilidade ao seu projeto ou empreendimento, quando se aproxima mais do "Sol".

A Geração no dia a dia

Muitos podem achar que falar do Sentido da Geração é falar apenas da geração de vidas, da maternidade. E, realmente, esse pensamento tem procedimento. No próximo capítulo, você saberá como se processa a relação dos sete Sentidos da Vida com os chacras e com essências e elementos básicos à manutenção da existência do nosso planeta e de tudo que o anima.

Porém, assim como em todos os outros Sentidos, o sétimo amplia-se de forma infinita, eu diria. Porque se você começar a lucubrar sobre o que se pode gerar, verá que, em seu dia a dia, gera (ou tem ao menos a possibilidade de assim fazer) muitas coisas.

O fator gerador e o fator criativo são fundamentais à vida. E são fundamentais a ela como um todo, pois se afirmo que você pode gerar muitas coisas em seu dia a dia, é porque falo de tudo o que move a existência humana.

Vejamos: você pode gerar ideias, empreendimentos, projetos, negócios, estímulos dos mais diversos a seus semelhantes, livros, textos, músicas, poemas, etc.

Um sem-número de "coisas" pode ser gerado o tempo todo por todos os seres.

Então, os fatores citados anteriormente (Gerador e Criativo) completam-se e são indissociáveis.

Vamos a um exemplo:

Em uma agência de publicidade havia necessidade da criação de uma marca para uma empresa nova no mercado. Os profissionais responsáveis por aquela empreitada, juntos, discutiam as várias possibilidades, modos e formas de chegarem ao produto final, à "nova vida".

Após uma série de reuniões e discussões, acabaram chegando a um denominador comum, que agradou a todos, agradou muito ao dono da empresa nascente.

Naquele momento, criaram e geraram uma marca baseada e fundamentada num empreendimento criado e gerado por aquele empreendedor.

Usufruindo desses fatores, tanto o empreendedor quanto os publicitários geraram uma nova "vida", que viria a gerar novos empregos.

Recorri a este exemplo, a fim de mostrar a você que o sétimo Sentido da Vida está presente no dia a dia das pessoas, no plano material, e não somente na gestação, geração de vidas.

Quando você gera um novo projeto, que dá fôlego a algum empreendimento e beneficia determinado número de pessoas, está, de alguma forma, criando e gerando, se não vidas, novas perspectivas para um determinado número de "vidas".

Espero que tenha compreendido. Vamos ao próximo tópico.

Da Criação à Geração = responsabilidade

Quando você tem uma ideia, intenção, e passa, motivado pelo seu criacionismo, a dar "vida" à sua ideia, começa, de alguma forma, a animar e manipular forças no Universo.

Difícil de compreender? Serei mais claro.

Seus pensamentos geram ondas vibratórias que são captadas no Universo e refletem em telas vibratórias Divinas, que nada mais são do que telas refletoras dos Divinos Tronos. Destas telas, saiba você, nada do que é feito, dito ou pensado no Planeta, escapa.

Então, vamos a mais um exemplo:

Você acabou de ter uma nova ideia. Iniciará um projeto que beneficiará algumas pessoas do bairro onde mora, promovendo um evento para recolher alimentos e agasalhos que serão destinados às pessoas carentes.

Imediatamente, sua ideia reflete nas Telas Vibratórias dos Divinos Tronos e, entre elas, na Tela Vibratória do Divino Trono da Geração e da Criatividade (cabe ressaltar, mais uma vez, que as Telas Vibratórias Divinas alcançam a tudo e a todos, não permitindo que nada delas escape).

Então, você perceberá que, assim que começar a divulgar sua ideia, aparecerão pessoas que dela comungarão e, rapidamente, você estará movimentando e motivando outras pessoas, até que, finalmente, seu objetivo se processe e seja alcançado.
E assim é em tudo.
Com o material recolhido, você o destinará às pessoas carentes, concluindo então o seu projeto, quando os alimentos e agasalhos chegarem aos seus irmãos mais necessitados.

Não serei repetitivo, mas proponho agora que você faça um exercício mental e verá, neste pequeno exemplo, desde seu início até o objetivo final, os sete Sentidos da Vida fluindo naturalmente. Pois você iniciou, deu sequência ao seu objetivo e gerou-o ao final. Pense bem, exercite e verá cada um dos sete Sentidos no decorrer do processo.

Tendo dado "vida" a essa ideia, você teve todos os seus pensamentos, palavras e procedimentos, durante este processo, coletados pelas Telas Vibratórias dos Divinos Tronos, especialmente pela Tela Vibratória do Divino Trono da Geração.

E, como você procedeu corretamente, como deve ser, receberá como retorno ondas vibratórias positivas, sutis, que o fortalecerão e o ajudarão muito em sua senda evolutiva, tenha certeza disso!

E, quanto mais você assim agir no seu dia a dia, gerando e criando coisas ou projetos que beneficiem ao todo, mais e mais será beneficiado. É um aspecto da Lei de Deus, da Evolução, e assim sempre será.

Porém, vamos, usando deste mesmo exemplo, a uma outra possibilidade:

Você, banhado na ideia de realizar um evento que coletasse agasalhos e alimentos para seus irmãos mais necessitados, ao final, usando de propósitos mesquinhos, desviou-os para si, sua família e até vendeu uma parte do que fora coletado.
Saiba que essas atitudes, pensamentos e procedimentos também são coletadas pelas Telas Vibratórias Divinas.
E, se no exemplo positivo, sugeri que você fizesse um exercício em que veria todos os sete Sentidos processando-se até chegar ao Sentido da Geração, agora sugiro que você faça outro exercício, e garanto que verá a negação dos sete Sentidos da Vida.

> *E, tendo este "projeto negativo" chegado ao fim, gerou, criou, negativamente, uma empreitada baseada e fundamentada na mentira, verbo este que Deus e suas Divindades não compartilham.*
>
> *Então, nas Telas Vibratórias Divinas, você já sabe que foram coletadas todas as suas atitudes negativas, pensamentos e procedimentos. E receberá, como retorno, ondas vibratórias corretivas que, invariavelmente, o farão sentir na pele o quanto é doloroso contrariar aos Ditames do Pai.*

Em ambos os exemplos, você pôde perceber que, de algum modo, criou e gerou algo: felicidade, satisfação e atenuação do sofrimento de algumas pessoas, no primeiro, e frustração, mentira e aproveitamento da bondade de algumas pessoas, no segundo.

Encerro este comentário sugerindo a você que reflita sobre o que cria e gera diariamente. Os seus pensamentos já são algo que você cria e gera. E são enviados, invariavelmente, ao "universo" e recolhidos nas Telas Vibratórias dos Tronos Divinos.

Você chegou até aqui e, neste momento, tem uma boa compreensão dos sete Sentidos da Vida, de sua importância e como podem e devem processar-se durante a evolução de todos nós e, consequentemente, na evolução coletiva do planeta.

Criar, Gerar, dar Vida a algo ou alguém é uma responsabilidade muito grande.

Deus, nosso Pai, quando a tudo criou, quando a nós criou, dotou-nos de todos os recursos para que trilhássemos nossas jornadas corretamente, não nos deixando faltar nada.

Infelizmente, nem sempre os humanos (especialmente no plano material da vida) assim agem.

Quando você estiver ciente da sua responsabilidade como criador e gerador, saberá que, quando gera uma outra vida, ela é de sua responsabilidade até que tenha condições de andar sozinha, e quando gera algum projeto ou empreendimento, tem sobre ele uma responsabilidade muito grande, porque dele dependem algumas outras vidas, pois quando você gera algo ou alguém, cria expectativas próprias, nos outros, e acaba trazendo para si uma responsabilidade que, se é grande, também é grandiosa. Reflita sobre isto.

Espero que tenha compreendido que nossa intenção ao abordar os sete Sentidos da Vida é levá-lo a refletir e buscar uma melhor forma de trilhar seu caminho evolutivo, para que chegue aos braços do Pai, como ele quer.

Voltarei no próximo capítulo. Este prossegue com mais um comentário do irmão Mago Rhady.

Mestre Rhady

Gerar ideias, expectativas, projetos, trilhando um caminho que leve ao objetivo final, nada mais é do que uma reprodução no micro do que acontece no macro, ou seja, toda a nossa senda evolutiva, que tem como objetivo enviar-nos de volta aos braços do Pai, tem um único objetivo, que é o de chegarmos ao sétimo Sentido em nossa Estrada Evolutiva, aptos a gerar em nós mesmos o que é necessário para o nosso amadurecimento enquanto seres: a capacidade de evoluir sempre e constantemente, absorvendo as qualidades do Pai, que nos são colocadas à disposição por meio de Seus Poderes Manifestados, Suas Divindades, os Tronos Divinos, os Sagrados Orixás.

Chegar ao Sentido da Geração, tendo trilhado de forma correta pelos seis anteriores, fará com que o ser, já dotado de faculdades e sentimentos mais desenvolvidos, se comparados ao momento de sua partida na "Cruz", olhe para o "Sol" e nele veja o Pai. E que, vendo nele nosso Pai Maior e Divino Criador, veja-se também.

E será nesse momento que o ser se verá e se sentirá como um manifestador natural das Qualidades e Vontades Divinas.

Então, pisando mais firme no chão a cada passo, com estabilidade, ordenação, equilíbrio, expansão, concepção e fé, sentir-se-á capaz de seguir em frente, deixando para trás tudo o que não mais lhe serve e trilhando o caminho evolutivo como nunca antes.

Perceba que o verbo evoluir está presente em todos os momentos neste livro, em todos os sete Sentidos da Vida.

E no Sentido da Geração, o sétimo, ele se torna ainda mais fundamental. Porque, já num grau evolutivo mais elevado, o ser é capaz de gerar positivamente e, neste estágio, gerando, é capaz de seguir evoluindo ainda mais rapidamente.

Os Tronos da Geração

Água e terra, mar e areia, Divina Mãe Iemanjá e Divino Pai Omolu. Esses Sagrados Orixás polarizam neste Sentido, nesta Linha de Umbanda, nesta Linha da Vida.

No sétimo Sentido da Vida, a Sagrada Mãe Iemanjá é o Trono Feminino e Universal da Geração, enquanto o Sagrado Pai Omolu é o Trono Masculino e Cósmico.

Mãe Iemanjá é a própria Vida, a própria maternidade. Se, temos na Divina Mãe Oxum a Concepção, nela temos a geração e a maternidade em si. Ela é a água que movimenta, umidifica e dá vida a tudo e a todos.

Essa Mãe Divina, Senhora dos Mares, Senhora da Vida, estimula com seus fatores geradores e criativos, o tempo todo, a vida em todos nós.

A ela recorra quando necessitar criar, gerar uma nova vida, um novo projeto, um novo empreendimento.

Oferende-a e, garanto-lhe, imediatamente vai se sentir renovado, como se estivesse "renascendo" para o mundo.

E esta é a função deste Divino Trono, desta Divina Mãe em nosso planeta e em nossas vidas.

Muitas vezes, os seres "resmungam" à toa, pois se recorressem à Amada Mãe Iemanjá teriam seus problemas resolvidos ainda no "útero".

Se a Divina Iemanjá está no polo positivo do Sentido da Geração, da Criatividade e da Vida, no negativo encontramos o Amado Pai Omolu.

E, mais uma vez, cabe ressaltar que não devemos ler positivo e negativo como bem e mal, mas apenas como dois polos que pontificam uma linha da vida.

A Amada Mãe Iemanjá é Universal e irradia vida o tempo todo, o Divino Pai Omolu é Cósmico, corretivo e paralisa todo aquele que contra este Sentido da Vida venha a atentar.

É visto por muitos como o Orixá da Morte, mas devemos interpretar isto corretamente, pois esse Divino Orixá não mata, ao menos no sentido cruel da palavra que mais comumente é usado pelas pessoas. Apenas, por amor à humanidade, paralisa aquele que estiver atentando contra a vida, para que não continue a desestabilizar este Sentido e toda a Criação de Deus.

Se temos no Divino Pai Obaluayê o Senhor das Almas e das Passagens (entre as realidades), temos no Divino Pai Omolu o "Senhor da Morte", aquele que rompe o cordão da vida no momento do desencarne.

E, além da areia do mar, o Divino Pai Omolu tem (a exemplo do Senhor da Evolução) seus domínios nos campos-santos (cemitérios), para onde encaminha as almas.

Geração e religiosidade

É muito comum, especialmente aos adeptos de religiões naturais (e vou deter-me, especificamente, ao que vejo acontecer na Religião de Umbanda Sagrada), em determinadas datas correrem para as praias, rios, etc., depositando seus pedidos em pequenos barcos, oferendando flores e alguns outros elementos à Senhora Mãe Iemanjá.

A fé é capaz de verdadeiros fenômenos, disso não tenha dúvidas!

Porém, em muitos casos, vemos essa fé em momentos muito pontuais, porque algumas pessoas se lembram dos Sagrados Orixás em algumas datas ou quando precisam conquistar ou adquirir algo.

E se quer gerar algo novo em sua vida, é muito natural direcionar esses pedidos à Divina Mãe Iemanjá, Sagrado Trono da Geração da Criatividade e da Vida.

Nos templos de Umbanda Sagrada também é muito comum que os adeptos e até mesmo os médiuns recorram a essa Mãe Divina, a fim de resolver seus problemas, suas aflições, levando seus pedidos de "geração" de coisas novas e boas para si e para os seus.

Gostaria de provocar aqui uma reflexão.

Obviamente, você já sabe que a geração de toda e qualquer coisa passa por esta divindade.

Mas, antes de ajoelhar-se aos pés dela e pedir, você, por acaso, já refletiu sobre o seu merecimento?

Você me pergunta: "E de onde se origina este merecimento?".

Respondo-lhe: das suas atitudes no dia a dia.

Muitas vezes, o ser considera-se "injustiçado", em alguns casos, "azarado", e "perseguido" em tantos outros.

Algumas vezes, culpa até Deus pelas suas vicissitudes.

Mas não olha para si próprio e para as suas atitudes, principalmente.

Se você, a partir de agora, que busca uma reflexão maior e mais íntima, se voltar para seu interior e avaliar-se de fato, poderá concluir que, tomando as atitudes corretas, que nada mais são do que aquelas que o Pai deseja para que trilhemos bem nossa senda evolutiva, ao natural, você "gerará" novos projetos e novas perspectivas para si e ao seu redor.

E então poderá, aos pés da Divina Mãe Iemanjá, celebrar a conquista, pois, sem ter pedido, clamado ou suplicado a ela, por ela foi atendido, porque agiu de modo positivo, acelerando assim ainda mais sua evolução.

E estará celebrando, com esta Divina Mãe, os passos que terá dado em sua estrada evolutiva.

Referi-me, neste exemplo, a alguém que quer e necessita gerar algo novo para si e clama pela Mãe Iemanjá. E essa pessoa pode ser ou não merecedora. Tudo dependerá de seus atos, pensamentos, palavras e procedimentos.

Agora, aquele ser que, por egoísmo, mesquinharia, vaidade, ego inflado, ou qualquer outro sentimento negativo, trabalhar para impedir ou atrapalhar o empreendimento de qualquer semelhante, atentando contra este Sentido gerador na vida alheia, tenha certeza, em dado momento, estará de frente ao Divino e Amado Pai Omolu, prestando contas de seus atos.

Geração em benefício de todos

Na manifestação de cada um dos Sentidos da Vida, você terá uma oportunidade ímpar de encontrar-se com o Pai, por meio dos seus semelhantes e da Natureza. Ambos se confundem, ou você tem dúvidas de que fazemos parte da Natureza de Deus?

Porém, no Sentido da Geração, você já terá trilhado a estrada, tendo passado por todos os outros e, nele, terá a chance de, por meio da Criatividade e da Geração, propiciar a todos quantos lhe for possível bem-estar.

Isto, para que compreenda de forma correta, ocorre, muitas vezes, com uma palavra.

Perceba, caro leitor, que não me refiro a um objeto, uma roupa, um presente, que fará uma pessoa sentir-se melhor.

Na maioria das vezes, o "verbo" fará com que a pessoa sinta-se melhor, gerando nela maior expectativa de vida, uma perspectiva positiva de futuro e, em você, uma satisfação em ter auxiliado mais um irmão.

E, tenha certeza, este "verbo" ressonará na Tela Vibratória da Geração, retornando a você em ondas vibratórias sutis, positivas e fortalecedoras.

Pratique o sétimo Sentido da Vida no seu dia a dia, dê a seus semelhantes, constantemente, palavras de força, carinho, alento, estímulo e incentivo. Mostre sempre a eles que são geradores em potencial das qualidades divinas, pois assim o Pai quer, para isto Ele nos fez.

Encerramos por aqui nossos comentários acerca dos sete Sentidos da Vida, esperando que você tenha compreendido a importância de todos eles nos Caminhos da Evolução.

No próximo capítulo, ordenaremos os sete Sentidos, as sete Essências, os sete Elementos e suas atuações na vida de todos os seres.

10

Os Sete Sentidos da Vida no Caminho Evolutivo

Mestre Rhady

Sete Essências, sete Elementos, sete Sentidos, sete Linhas de Umbanda, sete Linhas da Vida

Chegamos até o último capítulo desta obra.

Espero que você tenha compreendido a importância e o quão fundamentais são os sete Sentidos da Vida no processo evolutivo.

E que, a partir de agora, você passe a sentir o real significado do verbo "evoluir".

A seguir, um breve esquema demonstrativo da relação das sete Essências emanadas por Deus, seus sete elementos condensadores, sua relação direta com os sete Sentidos da Vida, que formam as sete Linhas de Umbanda.

Há sete essências emanadas por Deus:

1. Essência Cristalina;
2. Essência Mineral;
3. Essência Vegetal;
4. Essência Ígnea;
5. Essência Eólica;
6. Essência Telúrica;
7. Essência Aquática.

Essas sete essências puras, após combinações, passam a formar os sete elementos fundamentais em nosso planeta:

1. Cristal;
2. Mineral;
3. Vegetal;
4. Fogo;
5. Ar;
6. Terra;
7. Água.

Essas sete essências e sete elementos relacionam-se diretamente com os sete Sentidos da Vida, nesta ordem:

1. Fé;
2. Amor;
3. Conhecimento;
4. Justiça;
5. Lei;
6. Evolução;
7. Geração.

Sete Essências, sete Elementos, sete Sentidos da Vida. Veja no esquema a seguir, a relação entre as sete essências, os sete elementos, os sete sentidos da vida e os sete chacras:

Elemento	Sentido da Vida	Chacra	Essência
Cristal	Fé	Coronal	Cristalina
Mineral	Amor	Cardíaco	Mineral
Vegetal	Conhecimento	Frontal	Vegetal

Fogo	Justiça	Umbilical	Ígnea
Ar	Lei	Laríngeo	Eólica
Terra	Evolução	Esplênico (ou Plexo Solar)	Telúrica
Água	Geração da Vida e Criatividade	Básico	Aquática

Agora, você já sabe a relação dos sete Sentidos da Vida com as sete Essências fundamentais à vida em nosso planeta, com seus sete elementos condensadores e com os chacras do corpo humano.

Veremos então como se formam as sete Linhas de Umbanda Sagrada, em que cada Linha (Sentido da Vida) é pontificada por um "casal" de Sagrados Orixás, com seus principais fatores e atributos.

Nos dois esquemas apresentados, você pode perceber a relação das essências com os elementos que formam e animam a vida em nosso planeta e como se manifestam em nós por meio dos chacras.

Também pode perceber que as sete Linhas da Vida são pontificadas por pares de Orixás, sempre um masculino, um feminino, um passivo, um ativo, um universal e um cósmico.

É muito importante ater-se aos fatores dos Sagrados Orixás, pois pontificamos, em cada um, o principal fator (verbo = ação) de cada Trono Divino, com seus atributos (funções) na nossa evolução e na evolução do planeta.

Vejamos:

1. Linha da Fé: se o Sagrado Pai Oxalá tem como principal fator o magnetizador, a Divina Mãe Oiá-Tempo atua desmagnetizando. Faça uma relação desses fatores com tudo o que você leu no capítulo destinado ao Sentido da Fé e perceberá como atuam esses Divinos Tronos e como você pode beneficiar-se de suas atuações em sua caminhada evolutiva.

2. Linha do Amor: se a Sagrada Mãe Oxum tem como principal fator o Agregador, o Divino Oxumaré tem

no Desagregador (diluidor/renovador) o seu fator central.

3. Linha do Conhecimento: se o Sagrado Pai Oxóssi tem como principal fator o Expansor, a Divina Mãe Obá tem como principal fator o Concentrador.

4. Linha da Justiça: se o Divino Pai Xangô tem como principal fator o Equilibrador, a Sagrada Mãe Iansã tem como principal fator o Movimentador (direcionador).

5. Linha da Lei: se o Divino Pai Ogum tem como principal fator o Ordenador (polarizador), a Divina Mãe Oro Iná tem como principal fator o Energizador (purificador).

6. Linha da Evolução: se o Sagrado Pai Obaluayê tem como principal fator o Evolutivo (Transmutador), a Sagrada Mãe Nanã tem como principal fator o Decantador.

7. Linha da Geração: se a Divina Mãe Iemanjá tem como principal fator o Gerador, o Divino Pai Omolu tem como principal fator o Paralisador daqueles que contra a vida atentam.

Faça uma relação destes fatores com o que leu nos respectivos capítulos e começará a entender como atuam os Sagrados Orixás no processo evolutivo dos seres.

Sagrados Orixás: Divindades Regentes da Natureza

Os cultuadores dos Sagrados Orixás sempre os associaram à Natureza e, muitas vezes, até a fenômenos naturais.

E, realmente, são Divindades Regentes da Mãe Natureza, pois possuem relações diretas com os sete elementos, as sete essências e as sete Linhas da Vida.

Vejamos:

1. A Linha da Fé é pontificada pelo Orixá Oxalá, que absorve a essência cristalina e irradia todas as outras. No polo cósmico, a Orixá Oiá-Tempo, de essência cristalina, absorve

os excessos na religiosidade. Ele magnetiza no Sentido da Fé e ela desmagnetiza e cristaliza.

2. A Linha do Amor é pontificada pela Sagrada Mãe Oxum, que irradia essência mineral. No polo cósmico, está o Orixá Oxumaré, que é cristalino-mineral. Ela une, concebe, e ele dilui os negativismos e renova no Sentido do Amor.

3. A Linha do Conhecimento é pontificada pelo Orixá Oxóssi, de essência vegetal. No polo cósmico, está a Mãe Obá, de essência telúrica. Nessa relação, podemos associar o Sagrado Pai Oxóssi ao vegetal (expansor) e a Sagrada Mãe Obá à sua raiz (concentradora). Ele aguça o raciocínio e ela concentra no Sentido do Conhecimento.

4. A Linha da Justiça é pontificada pelo Orixá Xangô, de essência ígnea (fogo abrasador). No polo cósmico, está a Divina Mãe Iansã, de essência eólica (ar), movimentadora e direcionadora. Ele equilibra e ela direciona (ventos) no Sentido da Justiça.

5. A Linha da Lei é pontificada pelo Senhor Orixá Ogum de essência eólica (ar). No polo cósmico, está a Sagrada Mãe Oro Iná (Kali Yê), de essência ígnea (fogo consumidor e purificador). Ele ordena e ela consome os vícios e negativismos no Sentido da Lei.

6. A Linha da Evolução é pontificada pelo Orixá Obaluayê de essência telúrico-aquática (terra-água). No polo cósmico, está a Divina Mãe Nanã Buruquê, de essência aquático-telúrica (água-terra). Ele é ativo no elemento terra e passivo no elemento água, e ela é ativa no elemento água e passiva no elemento terra. Ele estabiliza e ela dá mobilidade no Sentido da Evolução. Ele é a terra úmida das beiras de rios, lagos, praias. Ela é o barro do fundo dos lagos.

7. A Linha da Geração é pontificada pela Mãe Iemanjá, de essência aquática. No polo cósmico, está o Orixá Omolu, de essência telúrica (terra). Ela movimenta, umidifica e vivifica os seres, enquanto ele paralisa aqueles que atentam contra a vida. Ela é a água do mar e ele, a areia.

Você pode perceber que, nas sete Linhas de Umbanda, os elementos condutores são sempre os dos Tronos Universais, que são complementados com os elementos dos Tronos Cósmicos, polarizando assim os sete Sentidos da Vida. Veja na tabela na página 103.

Fizemos aqui um breve apanhado, para que você entenda como atuam as sete Essências, os sete Elementos, as sete Linhas de Umbanda e da Vida no processo evolutivo.

Toda essa Ciência Divina está disponível de modo mais detalhado e profundo nas obras desenvolvidas pelos Senhores do Colégio Tradição de Magia Divina, já há muito publicadas no plano material e à disposição de quem se interessar pelo assunto.

A seguir, comentaremos sobre a relação dos Divinos Tronos com os sete Sentidos da Vida e o processo evolutivo.

Sete Sentidos da Vida: os Sagrados Orixás nos caminhos da evolução

Ciente da importância dos sete Sentidos da Vida na caminhada evolutiva, das sete essências e dos sete elementos que formam o Setenário Sagrado, você já pode, a partir de agora, ter uma melhor compreensão da função dos Sagrados Orixás na evolução dos seres, das espécies e do planeta como um todo. E também de sua relação com a natureza, por meio das essências e dos elementos formadores dela e não, de modo simplista, por meio dos fenômenos naturais.

Passa a compreender a origem das coisas, em vez de interpretar essas Divindades de Deus por meio da "consequência".

Espero que, a partir da compreensão que passa a ter, sua relação com os Divinos Tronos purifique-se dos vícios implantados ao longo dos tempos por alguns sacerdotes e cultuadores dos Sagrados Orixás.

Esta minha mensagem final, nesta obra, tem o intuito de, mais uma vez, provocar uma reflexão, que é: Orixá é Divindade, é Trono Divino, é Poder e Qualidade manifestada de Deus, o Criador. Portanto, não deve ser temida, não deve ser cultuada com receio. Não deve ser vista como negativa ou punidora. Pois, muitas vezes, dá-se aos Orixás atribuições até "demoníacas".

Se há Orixás de atuação cósmica ou "negativa"... e realmente há, devemos interpretá-los como aplicadores da Lei Maior, da Justiça Divina, do Amor do Pai, em prol da evolução de todos e do planeta por consequência.

IRRADIAÇÕES	ESSÊNCIAS	ELEMENTOS	ENERGIAS BÁSICAS POLARIZADAS	14 ORIXÁS
Fé	Cristalina	Cristal	Cristalina	Oxalá/Oiá-Tempo
Amor	Mineral	Mineral	Mineral	Oxum/Oxumaré
Conhecimento	Vegetal	Vegetal	Vegetal	Oxóssi/Obá
Justiça	Ígnea	Fogo	Ígnea	Xangô/Iansã
Lei	Eólica	Ar	Eólica	Ogum/Egunitá
Evolução	Telúrica	Terra	Telúrica	Obaluayê/Nanã
Geração	Aquática	Água	Aquática	Iemanjá/Omolu

Ora, se não houvesse uma atuação da Lei e da Justiça, paralisando os vícios humanos, como viveriam as pessoas?

É por puro Amor Divino a tudo e todos que os Amados Orixás, quando há necessidade, atuam de forma negativa.

Mas, essa atuação "negativa", que é por puro Amor, está longe de ser uma atuação destruidora, pois ela tem a função e a intenção exatamente opostas a essa. Intenção esta que é a de manter a Criação equilibrada, como quer o Pai.

Reflita sobre isso tudo. Cultue os Divinos Tronos com amor, siga corretamente sua senda evolutiva, e você não terá o que temer.

Trabalhe com fé, amor, busque conhecimento, equilíbrio, ordenação, transmutação e estabilidade, crie e gere uma nova vida a cada momento.

Tendo feito isto, terá então, ao final de cada dia, trilhado um pouco mais rumo ao "Sol".

E, se você partiu da "Cruz", com esta determinação, conhecimento e ciência de sua importância e função estratégicas na Criação de Deus, verá então que o "Sol" está bem mais próximo do que imagina.

Espero que esta obra realmente contribua para uma autorreflexão e, consequentemente, para seu crescimento.

Desejo que se mantenha amparado pelos Sagrados Orixás e banhado nas sete Luzes Divinas, os sete Sentidos da Vida, vislumbrando o "ouro" que o aguarda, aos pés de nosso Pai Maior e Divino Criador!

Mestre Mago da Luz Rhady
Ordem Mágica Caminhos da Evolução

Mestre Gehusyoh

Comentar sobre o caminho evolutivo é sempre muito prazeroso, mesmo quando, por algum motivo, o ser reluta em um ou outro tópico... ou em muitos... ou em todos.

Mas, de qualquer modo, nós, os Magos da Ordem Mágica Caminhos da Evolução, servidores da Evolução, da Lei, da Justiça Divina e dos sete Sentidos da Vida emanados pelo Pai Criador, somos e sempre seremos incansáveis, na luta por disseminar na dimensão humana da vida o Verbo Divino e sua verdadeira face, que é a que mostra Deus como ele realmente é: um Criador amoroso, amparador, corretor quando necessário, mas que nunca se cansa de Seus filhos, dando a eles infinitas oportunidades.

Esta obra, que fundamenta uma série que, em breve, você conhecerá, traz, num primeiro momento, ao plano material da vida humana, a base de ideias que forma o nosso trabalho.

Estando, a partir de agora, devidamente apresentada ao plano material, nossa Ordem poderá atuar melhor e "de frente" para aqueles que dela são beneficiados e por ela são amparados.

Mas também poderá atuar de frente e de forma aberta àqueles que não são diretamente por ela amparados, mas que, por meio desses seres amparados, poderá auxiliar mais e mais irmãos em seus caminhos evolutivos.

E este é nosso único, simples e humilde objetivo. Que, banhado em todos estes verbos, se torna uma grandiosa meta a ser alcançada. Porque grandiosa é toda aquela meta que pretende servir a Deus, a contribuir para a evolução de todos. Pois, como você já sabe, a verdadeira evolução processa-se deste modo. Querer evoluir sozinho não passa de fantasia ou ilusão.

Reflita, caro irmão leitor, sobre tudo o que aqui leu. Releia esta obra, se achar necessário. Carregue os sete Sentidos da Vida em seu coração, em sua alma, em seu íntimo. E verá, a partir de então, que terá provocado uma revolução maior do que todas as que já teve notícia, pois esta revolução terá acontecido dentro de você.

Desejo que realmente sinta a diferença, se assim aplicar os sete Sentidos da Vida em prol da sua evolução, pois estará, automaticamente, aplicando-os para a evolução do planeta.

Na Fé, no Amor, no Conhecimento, na Justiça, na Lei, na Geração, sempre em prol da Evolução.

Que Deus, nosso Pai Criador, abençoe-o sempre!

Mestre Mago da Luz Gehusyoh
Ordem Mágica Caminhos da Evolução

Indicações Bibliográficas

C umprindo uma determinação dos autores espirituais desta obra, coloco, a seguir, alguns livros com os quais você poderá aprofundar-se ainda mais no estudo da Ciência Divina, dos sete Sentidos da Vida, buscando melhor compreensão sobre os "Caminhos da Evolução":

1. *Doutrina e Teologia de Umbanda Sagrada*; Rubens Saraceni, Madras Editora.

2. *Orixás: Teogonia de Umbanda*; Rubens Saraceni, Madras Editora.

3. *As Sete Linhas de Umbanda*; Rubens Saraceni, Madras Editora.

4. *Lendas da Criação: a Saga dos Orixás*; Rubens Saraceni, Madras Editora.

5. *Deus, Deuses, Divindades e Anjos*; Alexandre Cumino, Madras Editora.

Conclusão

Servir como "ponte" entre os Mestres Magos da Luz da Ordem Mágica Caminhos da Evolução, para a apresentação desta organização ao plano material, mas, fundamentalmente, para trazer esta obra aos irmãos encarnados, garanto, foi e sempre será para mim motivo de muito orgulho, satisfação e privilégio.

Recebi estes ensinamentos em duas semanas, tendo iniciado em 7 de agosto de 2011 e concluído em 21 de agosto do mesmo ano.

Aprendi muitas coisas enquanto escrevia, e espero que a linguagem simples usada pelos Mestres Magos da Luz que aqui deixaram seus comentários possam elucidá-lo sobre dúvidas e mitos que por aí transitam sobre as coisas Divinas e sobre os Sagrados Orixás.

Agradeço a Deus, aos Sagrados Orixás, aos meus Mestres e Guias Espirituais, pela oportunidade de ter trazido esta obra ao plano em que vivemos. Sinto-me feliz, satisfeito e privilegiado. E espero, sinceramente, que você usufrua de fato deste conteúdo.

Salve a Ordem Mágica Caminhos da Evolução! Salve a Magia! Salve a Umbanda!

Salve a todos os Sagrados Orixás!

E amemos e adoremos Deus, pois sem Ele nada seria possível!

André Cozta

PARTE 2

NA TRILHA DA EVOLUÇÃO

Quando afloram os preconceitos

Relatos enviados por Espíritos Diversos
Ditados pelo Preto-Velho
Pai Thomé do Congo

Dedicamos esta obra a todos os homens e mulheres vítimas dos mais variados tipos de preconceito durante a história da humanidade.

Devemos Buscar uma Evolução Pura e Sadia

Trazer os relatos que seguem ao plano material, para mim, foi, é e sempre será, esteja encarnado ainda cumprindo minha missão por aqui, ou no plano ou dimensão que o Pai Maior determinar, uma grande honra!

Vivemos e vemos preconceitos dos mais variados tipos em todos os momentos, em todos os lugares. E, muitas vezes, convivemos com alguns deles, ao menos, com naturalidade, internalizando-os ou internalizando as atitudes das pessoas, as nossas próprias atitudes, e não questionando esses atos, seus motivos, causas e consequências.

O preconceito, seja qual for, é (como diz o título de um dos relatos deste livro) uma "erva daninha" na estrada evolutiva de qualquer um e, por consequência, de toda a humanidade.

Espero, sinceramente, que a leitura desta obra, por parte dos irmãos que aqui chegaram, sirva para uma autorreflexão e uma autoanálise, da mesma forma que serviu para mim escrevê-la.

E que Olorum, nosso Pai Maior e Divino Criador, ilumine sempre a todos nós, com as suas sete Luzes (a Luz da Fé, a Luz do

Amor, a Luz do Conhecimento, a Luz da Justiça, a Luz da Lei, a Luz da Evolução e a Luz da Geração), para que mantenhamos todo e qualquer tipo de preconceito e suas tristes consequências bem distantes de nossas vidas.

Um Saravá bem forte a todos os irmãos e irmãs!

André Cozta

Ser "Superior"

Superar todo e qualquer tipo de preconceito é conseguir, em verdade, "invadir" seu próprio íntimo, limpando-o de tudo o que é prejudicial à saúde espiritual.

É como limpar uma casa que, por falta de "faxinas" constantes, necessita de uma operação de limpeza mais forte, podendo assim dizer-se. E, quando o íntimo necessita dessa faxina, se o choque tem de ser radical, então, que seja.

Muitos podem estranhar o fato de um Negro Velho, assim como eu, estar falando de forma tão "seca" e direta. Mas isto acontece, meus filhos, justamente porque muitos humanos encarnados trilham de modo "cego" suas jornadas por quilômetros e mais quilômetros.

Então, o que acaba acontecendo é o que está relatado, das mais diversas formas, mas com um único e simples objetivo, nos nove depoimentos que lerão a seguir: fazer com que as pessoas acordem a partir de si próprias.

Ser "superior" é usado por muitos justamente da forma que este livro aponta e condena: a forma preconceituosa. Mas, vamos então mudar agora a via, e sugiro a todos que entendam ser "superior" como superar o que é negativo e de baixa vibração. Pois estar acima destas vibrações é estar superior a elas.

Então, sejam "superiores", superem todo e qualquer tipo de preconceito e trilhem suas jornadas evolutivas de modo a cumprir o que quer de nós nosso Pai.

Desejo que o Pai Oxalá ilumine a todos! E que esta obra sirva para vossa reflexão mais íntima.

Pai Thomé do Congo

Rumo a um Futuro de Luz

Preso naquele ambiente trevoso, eu não sabia direito o que estava acontecendo, mas tinha a noção e a sensação de que estava em apuros.

Sentia que podia mexer-me da cintura para cima, mas estava preso da cintura para baixo, colado ao chão. Olhava para cima, clamava por ajuda, mas só via escuridão.

Queria ver um facho de luz, sentir os raios do sol batendo no meu rosto.

Eu dormia e acordava em pé. Imagine-se cansado após um dia inteiro de trabalhos braçais. À noite você descansa e acorda renovado no dia seguinte.

Agora, imagine se você não dormisse e, mesmo assim, tivesse de trabalhar no dia seguinte. Era essa a sensação que eu sentia.

Não tinha noção nenhuma de tempo, não sabia onde estava, só queria sair daquele lugar escuro e horrendo.

Queria ver minha mulher e minhas filhas. Por que haviam me separado delas?

Chorava muito algumas vezes; em outras, não conseguia.

E quando eu não conseguia chorar, sentia a pior sensação que já lembro ter vivenciado em toda a minha existência. Uma agonia interminável.

Parado naquele lugar, após certo tempo, deparei-me comigo mesmo. Passei a me autoquestionar, com o intuito de saber por que eu estava passando por aquilo.

E foi então que tive o mais duro encontro de todos os tempos: com a minha própria consciência.

Comecei a lembrar de alguns momentos da minha última encarnação. Algumas cenas eram tão fortes na minha mente, que era quase como se estivesse vendo-as à minha frente numa tela de cinema.

Via-me em alguns momentos com minha família, outros no trabalho, e em alguns outros com meus amigos mais próximos.

Pensei: "Eu sempre fui um bom chefe de família, sempre zelei pelo conforto, pela segurança e pela felicidade de minha mulher e de minhas filhas".

Rapidamente, eu mesmo retruquei-me mentalmente, dizendo: "Porém, sempre fui machista, preconceituoso e autoritário muitas vezes. Nunca permiti que minha mulher tomasse a frente nas decisões principais. Sempre cuidei das minhas filhas como se fossem minha propriedade. Vivia mais preocupado com isso do que com a plena felicidade delas".

Meu Deus, por que eu pensava aquilo naquele instante?!

Eu sempre tive plena convicção de que agia corretamente no comando e na condução dos assuntos familiares.

E no trabalho? Eu era um bom colega? Pensei: "Claro que sim! Eu era adorado por todos!".

Em seguida, retruquei-me novamente: "Ledo engano, meu caro! Você era aturado pela maioria dos seus colegas! Alguns realmente gostavam de você, porém a maioria tratava-o bem por medo das suas reações. Você era muito genioso e aparentava ser 'implacável' no trato e no julgamento aos seus colegas. Na verdade, as pessoas tratavam-no bem para evitar problemas. Ou se esqueceu das inúmeras cenas armadas por você, por coisas mínimas, gerando um clima negativo e nervoso no seu ambiente de trabalho?".

Aquele autodiálogo estava deixando-me agoniado. Eu respondia aos meus questionamentos involuntariamente. Por que eu estava pensando daquela forma sobre mim mesmo?

Uma sonora gargalhada feminina ecoou por aquele lugar. Fiquei assustado, porque esta era a real sensação que aquele som me passava.

Silenciei, esperando ouvir novamente, mas o silêncio perdurou por mais algum tempo.

Quando eu achava que não mais ouviria qualquer coisa por ali, novamente a gargalhada tomou aquele espaço.

O medo tomava conta de mim. Justamente de mim, que nunca tivera medo de nada, enquanto encarnado!

Por mais algum tempo, o silêncio voltou a imperar naquele buraco.

Novamente, ouvi a gargalhada. Porém, naquela vez, numa sequência que parecia interminável.

O som daquela gargalhada aumentava gradativamente e eu sentia que se aproximava mais e mais de mim a cada instante.

De repente, foi como se alguém parasse às minhas costas. Eu não conseguia olhar para trás, não por estar imóvel, porque me movimentava bem da cintura para cima, mas por puro medo.

De repente, uma voz feminina falou:

– Você não vai olhar para mim? Se eu fosse você olharia, afinal, temos tantas contas para acertar!

Pensei: "Como assim, do que ela está falando?".

Como se tivesse escutado meu questionamento, respondeu em voz alta (quase berrando):

– Então, você não sabe do que estou falando? Coitadinho! Vou refrescar sua memória: pense agora em tudo o que fez com todas as mulheres que passaram pela sua vida. Lembra, na adolescência, a forma como tratava suas colegas na escola? E sua primeira namorada... você lembra bem o que fez com ela e o trauma que causou na pobre menina? Pois saiba que ela ainda vive no plano dos encarnados e carrega esse trauma. Trauma este, aliás, que tem prejudicado bastante o relacionamento dela com o marido.

Lembrava-me perfeitamente do que ela estava falando. Eu era duro e machista no trato com as mulheres. E, com aquelas que me relacionava, mais ainda.

Com minha primeira namorada, eu havia sido violento em alguns momentos.

Porém, ao perceber que ela citou que aquela menina dos meus tempos de escola ainda vivia no plano dos encarnados, desesperei-me! Então, eu estava morto!

Ela soltou a mais sonora de todas as gargalhadas. E disse:

– Você está morto há muito tempo. Arrastei você para os meus domínios para acertarmos nossas contas.

Desesperado, comecei a chorar. Chorava copiosamente feito uma criança, desabei emocionalmente; sentia-me, ao mesmo tempo, mole e pesado da cabeça aos pés.

Queria sair dali correndo, mas tinha as pernas paralisadas e coladas ao chão. Senti que ela encostou algo em minhas costas. Parecia ser um objeto de ferro, com três pontas.

Quando aquele objeto começou a penetrar nas minhas costas, ela disse:

– Vou levá-lo agora para outro lugar, onde poderei "cuidar melhor" de você.

Adormeci...

Acordei deitado no chão, com os braços colados à cintura, as pernas estavam coladas uma à outra. Era como se eu estivesse amarrado. Não conseguia mover um milímetro do meu corpo.

Aquela mulher aproximou-se de mim. Era horrenda. Vestia uma roupa preta, suja e esfarrapada em algumas partes. Carregava um cetro preto que, na parte debaixo, possuía um tridente curvo (aquele com o qual ela havia me tocado anteriormente).

Olhou para mim, emitiu um sorriso tenebroso e disse:

– Meu caro, agora você terá algumas lembranças que permitirão que compreenda por que me deve e por que está aqui, meu escravo!

Gargalhou em som muito alto.

Fiquei apavorado. Pensei: "Escravo? Não, pelo amor de Deus! Eu quero sair daqui!".

Ela repreendeu-me:

– Não fale esta palavra aqui! Ou não me responsabilizo pelo que acontecerá com você.

O que mais me apavorava naquele momento era a conexão mental daquela mulher horrível comigo. Ela lia todos os meus pensamentos.

Olhou para mim, cravou o tridente preto no meu peito e disse:

– Foi você quem me convidou para a festa, rapaz!

Custei a entender o que ela dissera naquele momento. Só após algum tempo, consegui compreender que, enquanto encarnado, com minhas atitudes machistas e preconceituosas, afastei-me dos Poderes Divinos, dos meus Guias espirituais e acabei conectando-me com as trevas.

Ela prosseguiu:

– Veja todas as mulheres que você maltratou, humilhou, quis controlar e dominar. Veja as situações em que você deixou sua mulher agoniada. Ou você acha que ela não sabia dos seus casinhos extraconjugais? Veja a forma grotesca e machista com que você dialogava com suas filhas. Veja como você tratava as mulheres com as quais teve casos, os mais variados, em todos os momentos do período em que esteve encarnado. Veja agora!

Passei a ver todas as mulheres da minha vida, uma a uma, passando à minha frente.

Ela gargalhava mais e mais a cada momento.

Após cessarem aquelas cenas que me agoniavam, ela disse:
– Muito bem, agora você vai ter sua primeira lição!
Queria fugir dali, mas sabia que era inútil. Talvez eu nunca mais saísse daquele lugar trevoso.
Queria chorar e não conseguia. Desesperado, clamei:
– Por favor, deixe-me ir embora! Eu lhe peço perdão!
– Você pede perdão a mim? Mas, por quê? Você não me fez nada! Acho que não é a mim que você deve pedir perdão!
– Então, o que eu devo fazer para sair daqui? – questionei, aos berros.
– Aguardar!
Berrando cada vez mais, ela prosseguiu:
– Você só sairá daqui após pagar por tudo o que fez às mulheres em sua vida. Você, aqui, acertará contas com as mulheres. Você está no meu domínio, um lugar onde vivem muitas mulheres que têm "sede" de homens como você!
Encostou o tridente inverso no meu rosto e, ironicamente e em tom baixo, falou:
– E saiba que elas estão muito sedentas, loucas para conhecê-lo. São muitas e aguardam-no ansiosamente.
Pensei: "O que me aguarda? O que será de mim?".
Três outras mulheres horrendas aproximaram-se, ela sacudiu a cabeça afirmativamente. Possuíam olhares macabros parecidíssimos com o dela.
Olhei para ela e perguntei:
– Qual o seu nome?
– Isto lhe importa? Você nunca se importou com as mulheres, com o que sentiam, o que pensavam, o que desejavam. De que vale meu nome agora, escravo?
Nada respondi. Uma das mulheres olhou para ela e perguntou, em tom de voz baixo e reverente:
– Senhora Daminih, podemos levá-lo?
Irada, ela olhou para a mulher e esbravejou:
– Você não percebeu que eu não queria meu nome citado aqui, neste lugar e neste momento? Você quer ser jogada ao fogo?
A mulher abaixou a cabeça, nada falou e ajoelhou-se aos pés dela.
Pude perceber, naquele instante, que, assim como eu, aquela pobre mulher sentia vontade de chorar e não conseguia.
E afirmo: é uma sensação mais agonizante do que sentir fome, sede ou qualquer dor que se possa sentir quando se está encarnado.

Daminih falou:

– Levante-se e cumpra com sua tarefa, escrava! E preste mais atenção no que pensa e fala.

A mulher levantou-se, as outras duas aproximaram-se de mim. Projetaram cetros com tridentes na parte inferior, pretos, semelhantes aos de Daminih, porém, menores. Uma delas posicionou-se próximo ao meu ombro direito, a outra próximo ao ombro esquerdo e a terceira, com o tridente, abriu minhas pernas que estavam coladas uma a outra (urrei de dor, como se estivesse sendo "rasgado").

Daminih falou:

– Podem levá-lo!

Naquele instante, senti, simultaneamente, um tridente penetrando em meu ombro direito, o outro em meu ombro esquerdo, e o terceiro em meus órgãos genitais.

Eu urrava de dor. Sentia naquele momento a pior de todas as dores que já havia sentido.

Foram carregando-me por dentro daquele espaço trevoso como se eu fosse um pedaço de carne no espeto. Saímos daquele lugar que parecia uma caverna escura, atravessamos um lodo que parecia não ter fim.

Elas tinham uma desenvoltura para caminhar naquele lamaçal que eu, com certeza, nunca teria. Ficaria "atolado" pelo caminho.

Após um bom tempo caminhando, penetraram em outra caverna escura. E lá estava Daminih, sentada em um trono preto formado por pedras enormes, rodeadas por tochas de fogo que saíam de pedras no entorno daquele trono, sorrindo e aguardando-me.

– Agora, meu escravo, você terá o que merece!

Naquele instante, dos quatro cantos do lugar surgiram mulheres horrendas, nuas, com seus corpos deformados. Algumas tinham corpos de animais, outras tinham corpos humanos, com cabeças ou patas de animais.

Peles enrugadas, olhos tenebrosos (algumas tinham um olho só).

Eu vivia, naquele momento, em um teatro de horrores.

Aproximaram-se de mim, ao que Daminih falou:

– Esperem, escravas!

Todas pararam.

Ela disse:

– Vocês o consumirão, mas não acabem com ele. Ao final, será meu! – e gargalhou quase "infinitamente".

Aquela agonia parecia que não acabaria jamais.

Todas aquelas mulheres me consumiram, sugaram minhas energias por meio do sexo desenfreado.

Eu, que enquanto encarnado fazia de tudo para ter sexo, naquele momento daria qualquer coisa para não tê-lo.

Mais de uma centena de mulheres horrendas consumiram minhas energias naquele lugar, por meio do sexo. Eu me sentia sem forças, não conseguia mover-me.

Daminih aproximou-se e disse:

– Vamos copular mais uma vez, escravo!

Perguntei:

– Mais uma vez? Mas eu nunca vi você antes!

– Nunca viu mesmo! Porém, aproximou-se de mim, chamou-me para perto de você, mesmo sem me ver há muito tempo. Quero que saiba que, em várias das situações em que você tinha sexo fácil, eu estava ali, copulando com você. Aliás, foi numa dessas situações que nos conhecemos e, desde então, não mais o abandonei.

Fiquei pasmo olhando para ela, que prosseguiu:

– Lembra daquela situação em que você procurou uma profissional do sexo, que se drogava e aceitou fazer programa com você em troca daquele pó branco?

– Sim, eu lembro.

– Aquela foi a nossa "primeira noite"!

E gargalhou muito alto, mais uma vez.

Eu estava tão sem forças que já pensava em me entregar de vez e deixar acontecer o que tivesse de acontecer. Eu não tinha como reagir, não tinha chances mediante aquela mulher trevosa e poderosa. Sim, porque naquela situação, diante de mim, ela estava poderosíssima e com controle total da situação.

E, confesso, nunca imaginei que um dia eu poderia estar submetido ao poder feminino daquela forma.

Ela rondava-me, encostava seu tridente em várias partes do meu corpo.

Num determinado momento, falou:

– Respire um pouco. Em seguida, vai me satisfazer mais uma vez.

Naquele instante, ouvi outra gargalhada.

Daminih exclamou:

– Não, não permitirei que se aproxime!

Uma mulher trajando um belo vestido vermelho, com mangas e gola pretas, uma rosa vermelha no lado esquerdo do peito, uma cruz

preta no centro do peito (praticamente impressa em seu corpo), a mão direita na cintura e um chicote à mão esquerda, disse:
— É o que veremos, Daminih!
Daminih retrucou:
— Você não vai levá-lo! Veja tudo o que ele fez com as mulheres quando encarnado. Ele deve pagar por isto.
— Ele foi jogado em seu domínio, Daminih, porque precisava passar, durante um tempo predeterminado, pelo que passou aqui. Foi um desígnio da Lei. Porém, agora, ele será levado para onde está determinado pela Justiça Divina que vá neste momento.
Berrando, Daminih falou:
— Eu não sigo esta sua Lei nem esta sua Justiça. Daqui ele não sairá! — e apontou o tridente de seu cetro para aquela mulher.
Numa fração de segundos, aquela mulher manejou seu chicote com a mão esquerda, que enrolou o tridente de Daminih, levando-o ao chão.
Duas mulheres usando vestidos semelhantes ao daquela que considerava, naquele momento, minha heroína, apareceram próximo aos meus pés e foram puxando-me.
Acordei num outro lugar estranho para mim, porém, bem menos escuro do que já estava acostumado, com aquela mulher que me salvara olhando-me.
Ela perguntou:
— Você está bem?
— Só pelo fato de não estar nos domínios daquela mulher horrenda já posso considerar-me bem, mas meu corpo está adormecido, não sinto meus membros.
— É, moço, você ficará assim ainda por algum tempo. Entenda, você está colhendo as batatas que plantou!
Pensei: "O que ela quer dizer com isso?".
Em voz alta, ela respondeu ao meu pensamento:
— Reflita sobre suas atitudes enquanto encarnado, e você então compreenderá por que ficou tanto tempo lá "embaixo".
— E eu posso saber quanto tempo fiquei lá embaixo?
— Sete anos você ficou lá embaixo, moço!
Senti um frio da cabeça aos pés, quando soube que havia ficado tanto tempo naquele lugar. Mas, de alguma forma, sentia-me feliz, pois havia me livrado de todo aquele tormento.
Um homem aproximou-se, dirigiu-se à mulher dizendo:
— Como ele está?
— Bem melhor do que antes, pode ter certeza!

– Hum!
Ela olhou para ele e perguntou:
– Os regentes do campo-santo já lhe passaram o que acontecerá com ele daqui para a frente?
O homem olhou para ela e disse: – Ainda não detalhadamente. Mas já sei que ele passará uma boa temporada aqui, Senhora Pombagira do Cruzeiro das Almas! E nós estamos incumbidos da guarda dele, enquanto aqui estiver. Saiba que ele não deverá aproximar-se de ninguém que aqui habita, como ninguém deve aproximar-se dele, a não ser nossos superiores, é claro!
– Eu sei, Senhor Exu das Sete Cruzes! Já imaginava que assim seria. Então, cuidemos deste moço!
Ele soltou uma sonora gargalhada. Olhou para mim e falou:
– Meu rapaz, você está num cemitério, saiba disso! Mas está bem cuidado. Não se preocupe mais, porque, se andar na linha reta, cumprir os desígnios da Lei e da Justiça Divina, estará sempre bem amparado. É certo que passará por dificuldades, afinal, sua ficha não é das mais limpas. Porém, sua intenção, a partir de agora, é que lhe guiará. Faça sua escolha.
Sorriu para mim, baforejou um charuto, deu as costas e foi embora.
A Pombagira do Cruzeiro das Almas me olhou e, tentando me tranquilizar, falou:
– Não fique preocupado, moço! Vai se recuperar e, a partir de então, começará todo o processo.
Perguntei:
– De qual processo está falando?
– A caminhada tem que prosseguir, né, moço? Ou pretende ficar deitado aí por toda a eternidade?
– É claro que não! Mas eu posso saber o que me acontecerá quando eu sair daqui?
– Não pode ainda. O que deve, agora, é voltar-se para o seu interior, refletir, se autoanalisar e buscar no seu íntimo a resposta de tudo. E, só então, saberá por que está passando por tudo isto.
Silenciei e, seguindo seu conselho, voltei-me para o meu íntimo. Rapidamente, adormeci.
Em forma de sonhos, vi várias cenas da minha vida.
Em algumas delas, eu era um espectador envergonhado, que me via cometendo as heresias que eu havia praticado enquanto encarnado.
Não sei ao certo por quantas horas dormi e quantas cenas revi. Mas sei que acordei triste, chocado, envergonhado e chorando.

Eu estava deitado em uma pedra no fundo de uma tumba aberta, num lugar que por horas entravam alguns raios de sol, em outros momentos eu podia ver algumas estrelas no céu.

Se comparado ao lugar onde eu estivera antes, aquele era o verdadeiro paraíso.

Fiquei por muitos dias e noites ali.

Numa determinada noite, a Pombagira do Cruzeiro das Almas e o Senhor Exu das Sete Cruzes apareceram.

Ele olhou-me e falou:

– Pronto, rapaz, vamos dar uma voltinha!

Perguntei:

– De que jeito, se eu não consigo me mexer?

Ela disse:

– Um pouquinho você já consegue sim! Venha...

A Pombagira esticou a mão esquerda. Estendi a minha a ela com dificuldade. E, quando a minha mão encostou na dela, senti que aquela mulher tinha muito mais força do que eu.

Eu nunca imaginara, em vida, que eu passaria por tal situação: depender de uma mulher para poder andar e, além disso, de uma mulher bem mais forte do que eu.

Ela me puxou e eu parei à sua frente como se eu fosse um pedaço de papelão. Atrás de mim, o Senhor Exu das Sete Cruzes segurou-me para que eu não caísse.

Com ele andando ao meu lado direito e ela ao meu lado esquerdo, fui caminhando lentamente, conduzido por eles a um local que eu não sabia onde ficava. Nem sabia o que me aguardava.

Andávamos por dentro daquele cemitério. Eu podia ver vários espíritos que por ali andavam, como se estivessem perdidos, mas também via vários espíritos de vestes pretas, olhares sombrios, assim como espíritos semelhantes à Senhora Pombagira do Cruzeiro das Almas e o Senhor Exu das Sete Cruzes, que pareciam ser os "ordeiros" do local.

Respondendo ao meu pensamento, o Senhor Exu das Sete Cruzes falou:

– Sim, rapaz, estes que você vê são os representantes da Lei aqui neste local.

– E os outros, de olhar sombrio? – perguntei.

– São agentes do "embaixo".

– Mas por que é permitido que eles estejam aqui?

– Isto é permitido por conta de espíritos como você, que se negativam. São espíritos como você que criam a necessidade de eles estarem aqui.

A Senhora Pombagira do Cruzeiro das Almas falou:
– Na verdade, moço, eles também são agentes da Lei. Eles levam daqui, lá para baixo, espíritos que atuam fora da Lei e continuam se negativando, encaminhando-se pelo caminho "torto".
Perguntei:
– Então, eles são espiões aqui?
– Não! – respondeu o Senhor Exu das Sete Cruzes. – Eles são bem visíveis a todos os espíritos que aqui estão. São severos, rígidos e implacáveis. Qualquer um que andar fora da linha, por aqui, passará pelo crivo da Lei. E eles são os agentes prontos para aplicá-la.

Confesso que fiquei um pouco assustado com aquilo tudo, mas, ainda assim, sentia-me privilegiado só pelo fato de ter saído daquele buraco trevoso.

Aproximamo-nos de uma cruz em um determinado ponto daquele cemitério.

Sentado em uma pedra, um homem negro, velho, fumava um cachimbo, não usava camisa, apenas um calça branca, um colar que alternava pedras pretas e brancas ao pescoço, e um enorme chapéu de palha sobre a cabeça.

Quando chegamos bem em frente a ele, o Senhor Exu das Sete Cruzes saudou-o:
– Saravá, Senhor Preto-Velho do Cruzeiro das Almas!
Ele respondeu:
– Laroiê, Senhor Guardião Exu das Sete Cruzes! Salve, Senhora Guardiã Pombagira do Cruzeiro das Almas!
Aquela mulher curvou-se levemente à frente daquele Preto-Velho, saudando-o:
– Saravá, Senhor Preto-Velho do Cruzeiro das Almas!
O Senhor Exu das Sete Cruzes falou:
– Eis, meu bom Preto-Velho, o menino que o senhor aguarda!
– Muito bem, Senhor Guardião! Peço, por favor, que me deixem a sós com ele!

O casal de guardiões retirou-se. E eu fiquei ali, em frente àquele homem desconhecido, sem saber o que fazer, o que dizer.

Ele olhou-me no fundo dos olhos e disse:
– Fique à vontade, meu filho! Saiba que aqui o senhor está bem amparado. A Justiça Divina, regida pelo Sagrado Pai Xangô, assim como a Lei, regida pelo Sagrado Pai Ogum, resolveram dar-lhe mais uma chance.

Não sabia o que dizer, o que pensar. Abaixei a cabeça.

Imediatamente, o Preto-Velho repreendeu-me:
– Olhe-me nos olhos, meu senhor!
Olhei para ele, que prosseguiu:
– Nesta sua última encarnação, o senhor passou de todos os limites, abusou mesmo! Desenvolveu-se um homem preconceituoso, machista e de quase nenhum escrúpulo. Fazia qualquer coisa para levar vantagem e para ter sexo de modo fácil, não é mesmo?
Nada falei, mas prossegui de cabeça erguida olhando para ele, que continuou:
– O senhor viu aonde foi parar por conta disso tudo, né? Acho que não quer voltar para lá, não é mesmo?
Respondi imediatamente:
– Claro que não!
– Então, meu senhor, como estou vendo que, do fundo do coração, quer reparar seus erros, vou encaminhá-lo para sua recuperação.
– E o que eu deverei fazer?
– Agora, neste momento, voltar para onde estava, deitar-se e refletir um pouco mais.
– Quanto tempo mais, senhor? – perguntei de modo afoito.
– Mais uns três anos!
– Três anos?!
– Passa rápido. Retorne para lá, deite-se, volte-se para o seu íntimo. No momento certo eu o chamarei aqui de volta. Aí, então, o senhor saberá o que deverá fazer para reparar os males do passado recente.
Fiquei decepcionado. Havia sido tirado da minha "cama" apenas para responder a uma pergunta àquele Preto-Velho e, imediatamente, voltar a deitar nela.
Sentia que, mesmo ali naquele cemitério (lugar que eu considerava bem melhor do que aquele domínio das trevas onde eu havia caído), tinha perdido meu livre-arbítrio.
Porém, já tinha consciência de por que havia perdido esse privilégio Divino concedido a nós, os humanos.
O Senhor Exu das Sete Cruzes e a Senhora Pombagira do Cruzeiro das Almas conduziram-me novamente à minha "cama".
Fiquei lá, deitado, por muito tempo, sob sol, chuva, calor, frio, dia e noite.
De vez em quando, um dos dois passava por lá (às vezes iam juntos), para visitar-me.
Numa dessas visitas, a Senhora Pombagira do Cruzeiro das Almas me disse:

— Fique feliz, pois em breve você sairá daqui e há algo muito bom reservado para você!

Muito curioso, perguntei:

— O quê?

— Calma, moço, na hora certa, saberá! Ainda não é o momento, mas precisa saber que não deve desistir em hipótese alguma. Desistir é recuar e voltar àquela condição anterior ou algo similar.

— Não, em hipótese alguma eu volto àquele lugar ou àquela condição!

— Então, mantenha-se refletindo e, na hora certa, será conduzido novamente ao Preto-Velho que o guiará e ordenará o que será seu novo caminho.

Após aquele diálogo, mantive-me por demais curioso. Perguntava a ela ou ao Senhor Exu das Sete Cruzes, quando me visitavam, do que se tratava, mas eles eram retos e rigorosos e não me davam qualquer informação ou pista, por mínima que fosse, em hipótese alguma.

Eu já não aguentava mais ficar deitado naquele lugar. Sentia dores nas costas, nos braços e nas pernas.

Em um determinado dia ensolarado, quando as dores estavam bem acentuadas, o casal de guardiões apareceu. Ela sorriu para mim e falou:

— Vamos lá, moço!

Estendeu-me a mão, puxando-me. O Senhor Exu das Sete Cruzes deu-me um cetro vermelho e preto para que eu andasse apoiado.

Mesmo com muitas dores, já caminhava melhor do que da última vez em que levantara para conversar com o Senhor Preto-Velho do Cruzeiro das Almas.

Chegamos até ele, que saudou os guardiões e foi saudado por eles. Deixaram-me ali. Ele disse:

— Agora o senhor está bem melhor, meu filho! Vejo que sua aparência melhorou, mas, fundamentalmente, seu olhar está bem mais firme do que da última vez que esteve aqui comigo. E isso é o mais importante. Saiba que uma pessoa de olhar firme caminha com convicção. E foi para ver este olhar que mantive o senhor deitado lá por mais um tempo.

Baforejou o cachimbo, olhou-me e prosseguiu:

— Meu filho, o senhor receberá mais uma chance. Passará, aqui neste campo-santo, por uma fase de preparação para a próxima etapa da sua caminhada que se avizinha.

— E do que se trata, meu Senhor?

– Meu filho, o plano material da vida humana está passando por um momento de muitas mudanças. A terra sofrerá, em breve, muitas catástrofes, muita gente deixará o plano material de forma trágica. Há muito trabalho para ser feito nos próximos anos. Deus, nosso Pai, quer que sigamos nossas evoluções, mas, infelizmente, há espíritos que ainda não compreenderam como isto realmente se processa. O ser humano, meu filho, deverá desvencilhar-se do materialismo e voltar-se para Deus, pois este é o único caminho "viável" para o encontro consigo próprio e com a plenitude. Estou lhe dizendo tudo isto para que compreenda que sua missão, ao reencarnar, após esta preparação pela qual passará, será a de trabalhar na religião de Umbanda, fazendo a caridade (que é o objetivo máximo desta religião), auxiliando seus irmãos mais necessitados, esclarecendo a todos que adentrarem seu templo das questões relativas ao preconceito. O senhor será, meu filho, nesta vida, guiado pelo Sentido da Lei, da Ordem Divina, será um filho do Sagrado Pai Ogum. E, na sua vida profissional, atuará como advogado de mulheres vítimas da brutalidade e da violência masculina. Entre outras coisas, meu filho, que saberá ao longo da sua preparação pré-reencarnatória, esta foi a forma que a Lei Maior e a Justiça Divina encontraram para que repare os erros da sua última encarnação.

Fiquei ali, à frente daquele Preto-Velho, pensando em tudo o que acabara de ouvir.

Quando encarnado, zombava das religiões. Especialmente das religiões mais populares, como Umbanda, Candomblé e Espiritismo. Achava aquilo tudo um teatro de mau gosto.

E, agora, tinha na religião de Umbanda (que passei a conhecer melhor aqui no plano espiritual da vida, durante as primeiras palestras da preparação pré-reencarnatória. E afirmo hoje: terei o maior orgulho em trabalhar dentro desta doutrina, em prol dos meus irmãos mais humildes) a minha tábua de salvação.

Vim aqui trazer este relato, para que saibam que um futuro de muita luz aproxima-se, só depende de nós. E no que depender da minha humilde contribuição, por meio da religião de Umbanda, assim que reencarnar, logo em breve, esse futuro se concretizará.

Chamo-me Cássio, um homem honrado por estar dividindo minhas experiências e minha alegria em servir a Deus, aqui com vocês!

Que o Pai Oxalá abençoe a todos!

Encontrando o Caminho

Muitas vezes, achava que poderia resolver tudo na vida da forma mais simples. E, realmente, a simplicidade nos leva a resultados belíssimos. Mas simplicidade, não o simplismo. E, equivocada desta forma, cometi muitos excessos em minha última encarnação.

Ainda jovem, na faculdade, era conhecida por ser aquela que tinha "pavio curto" e que resolvia tudo no "berro".

E realmente assim eu era, mas, na verdade, porque achava que tinha as respostas para tudo.

Julgava as pessoas com uma destreza e uma facilidade invejáveis. Nada mais do que um pouco de observação das pessoas e situações e eu já aparecia com um diagnóstico preconceituoso.

Minha infância foi boa. Não tive maiores problemas no relacionamento com meus pais; e com meus dois irmãos mais velhos, não tive nenhum trauma que pudesse sinalizar para minhas ações e reações no futuro.

Meu pai, quando em vez, falava para minha mãe:

– Essa menina tem o nariz muito empinado!

– Nada disso, homem, ela só tem personalidade forte e é exigente!

Éramos uma família de classe média; meu pai era professor universitário, minha mãe musicista, mas, com três filhos para criar, acabou tornando-se dona de casa. Volta e meia, tocava piano ou violão para animar nossas noites ou finais de semana em família. Algumas vezes, havia visitas que apreciavam suas pequenas apresentações.

Meu primeiro namorado foi um rapaz de família rica. Eu fazia questão que assim fosse, escolhendo "a dedo" os rapazes com quem saía para conversar.

Nunca fui o tipo da menina "namoradeira" e nunca gostei muito de agitos. Conheci meu marido na universidade, eu cursava Medicina Veterinária e ele Engenharia Civil. Formou-se seis meses antes de mim.

Em menos de um ano após a minha formatura, casamo-nos. Mudamo-nos para um bairro de classe média alta em nossa cidade.

Rapidamente, eu trabalhava em uma clínica veterinária que tinha em sua clientela a "fina flor" da alta sociedade daquele lugar. E meu marido abriu um escritório em sociedade com um amigo e, rapidamente, colhia bons frutos profissionais.

Para mim, recém-formada, estava sendo uma ótima oportunidade trabalhar naquela clínica e manter contato com toda aquela "gente boa", como eu pensava e dizia.

Certo dia, uma jovem de aproximadamente 16 anos, negra, notadamente de origem humilde, adentrou a clínica a fim de obter informações de como deveria proceder para tratar e curar uma das patas de sua "gatinha", que carregava ao colo.

A recepcionista precisara dar uma saída e eu apareci na recepção naquele exato momento.

Olhei aquela menina da cabeça aos pés, torci o nariz e disse a ela:

– Garota, é melhor você ir embora, este ambiente não é para você. Quem sabe se você for à esquina, pedir esmolas, não consiga dinheiro para comprar alguma coisa qualquer para colocar na pata dessa "bichana".

A menina nada falou, apenas abaixou a cabeça e retirou-se. Eu era por demais racista, achava nojento ver negros e negras, evitava ficar perto de pessoas "de cor".

E, no pouco tempo em que já estava trabalhando naquela clínica, aquela fora a primeira vez que eu via uma pessoa negra adentrar aquele recinto.

Os anos se passaram, acabei abrindo um consultório e pude manter, durante muito tempo, uma vasta e "selecionada" clientela.

Eu e meu marido acabamos, após alguns anos, mudando para uma casa maior, no mesmo bairro. Tivemos dois filhos belíssimos.

O meu segundo filho, aos 8 anos de idade, começou a ter visões. Numa determinada noite, enquanto jantávamos, começou a relatar suas visões à mesa, como se falasse das suas atividades "normais" do dia na escola.

Disse que havia visto, na noite anterior, um homem negro, vestindo roupa branca, andando pela casa, e também uma velha negra, andando encurvada, apoiando-se numa bengala e andando pela casa.

Eu e meu marido achamos que sua imaginação estava muito fértil. Porém, fiquei pensando naquilo durante a noite. Era só o que me faltava, meu filho vendo "negros" dentro da minha casa.

Com o passar do tempo, ele foi relatando suas visões com mais precisão. Via crianças negras, índios, mulheres que, pela descrição, pareciam ciganas.

Comecei a achar que meu filho estava "mal-acompanhado" na escola e que havia algum colega dele nutrindo sua imaginação com aquelas "imagens de tremendo mau gosto".

Tomei a iniciativa de ir à escola para conversar com a professora dele.

Não fui muito feliz nas minhas colocações e, em poucas palavras (mesmo achando-me a dona da razão e da verdade), demonstrei toda a carga de preconceito que carregava em meu íntimo.

A professora, muito sutilmente, disse-me:

– Minha senhora, sua preocupação é infundada. O seu filho tem aqui nesta escola toda a orientação e as melhores companhias, tenha certeza! Quanto a esses casos estranhos que relatou, acho que é bom procurar um médico.

Achei aquela mulher insuportável e intolerante, afinal, na condição de professora do meu filho, ela deveria tratar-me com mais respeito e dignidade.

Na verdade, ela percebera todo o meu equívoco e, visivelmente contrariada, mas não querendo polemizar, preferiu encerrar categoricamente o assunto.

Conversei com meu marido e resolvemos, em conjunto, que o melhor seria buscar um tratamento médico ao menino.

Após alguns meses, o tratamento constatava que não havia nada de errado com meu filho, que gozava da mais perfeita saúde mental e emocional.

Só que, contrapondo-se a esse diagnóstico, suas visões aumentavam a cada dia que passava. Ele encarava tudo aquilo com naturalidade; meu marido ficava visivelmente preocupado. E eu, desesperada!

Não conseguia aceitar aquela condição, justamente com meu filho, dentro da minha casa, tendo visões de pessoas "sem estirpe".

Uma prima de meu marido recomendou que fôssemos a um centro espírita, segundo ela "muito bom", no centro da cidade, que ela frequentava.

Meu marido era bem católico, gostava de frequentar as missas dominicais. Eu tinha formação católica, mas não era uma frequentadora tão assídua quanto ele.

Porém, muito preocupados com a situação de nosso filho caçula, achamos por bem arriscar e fomos ao centro espírita.

Chegamos lá, numa noite de inverno, e encontramos os médiuns sentados a uma mesa, com uma toalha branca e um copo-d'água. Todos vestiam branco.

Assim que chegamos, o senhor que dirigia os trabalhos aproximou-se e identificou-nos como os indicados para irem lá pela prima de meu marido.

Pediram que sentássemos em cadeiras que ficavam próximas à parede e assim fizemos.

Outras pessoas foram chegando àquele ambiente e acomodando-se.

Percebi que a condução dos trabalhos era cristã, o que me tranquilizou, mas não diminuiu a minha carga de preconceito para com o ambiente e as pessoas ali presentes.

Em dado momento, um dos médiuns (um senhor branco idoso) apontou para mim e falou:

– Essa "sinhola" aí tem que "conversá" com "nóis", mas não é aqui.

Pensei: "Que horror, que linguajar! Como vou conversar com alguém tão sem educação assim?!".

Quase instantaneamente, o médium respondeu ao meu pensamento:

– O que a "sinhola" chama de educação? Esse seu "naliz" em pé é ser educada, minha "fia"?

Estava envergonhadíssima, olhava para o chão e tinha vergonha de encarar toda aquela "gente" que ali estava. Sentia-me humilhada.

O médium olhou para o dirigente dos trabalhos e disse:

– Aqui "nóis" não vai "dá" resposta nenhuma sobre o que ela "qué" "sabê". Tem de ir no nosso terreiro.

Ficamos sentados naquelas cadeiras duras, naquele modesto lugar, por aproximadamente duas horas e saímos da mesma forma que chegamos: sem resposta alguma.

Na saída, o dirigente dos trabalhos chamou meu marido e falou:

– Tenham paciência, continuem vindo aqui. A espiritualidade trabalha dentro do "seu tempo".

Meu marido foi educado, despediu-se e retornamos ao nosso lar.

Porém, tanto eu quanto ele concluímos que havíamos perdido um tempo precioso para nada.

Na semana seguinte, a prima de meu marido e seu esposo nos visitaram. Ela trazia uma mensagem do dirigente espiritual daquela casa.

Ela falou:

– Olha, o que ele me disse é que não é praxe dele indicar ninguém que frequenta sua casa espírita a procurar outra religião, mas falou que esse caso é muito especial e que os próprios mentores do centro que ele dirige orientaram-no para que vocês procurassem um terreiro de Umbanda.

E estendeu a mão ao meu marido, entregando a ele um papel com o endereço do local.

Educadamente, agradecemos.

– O que você acha disso? – ele me perguntou.

– Como assim, "o que eu acho"? Até parece que você não me conhece!...

– Ah, é que fico em dúvida. Sou católico de formação, você sabe disso! Já falei com o padre lá da igreja, mas ele sempre recomenda procurarmos tratamento psiquiátrico para o nosso filho. Quem sabe a gente vai lá nesse lugar? Não custa arriscarmos mais uma vez!

– Você perdeu o juízo? Onde está seu bom senso? Então, você acha que, com todo o esforço que fazemos para dar aos nossos filhos uma educação diferenciada, vamos buscar a solução para algum problema num lugarzinho desses? Isso é feitiçaria, crendice popular, qualquer coisa dessas, menos religião!

Ele abaixou a cabeça e nada falou. Porém, naquela noite, percebi meu marido preocupadíssimo, como não acontecia há muito tempo.

Alguns dias se passaram, meu filho continuava relatando suas visões e, a partir de determinado momento, sonhos.

Seus sonhos, a cada relato, ficavam "mais cabeludos". Sonhava com bichos, monstros, homens "demoníacos".

Comentei com meu marido que aquilo era fruto da sua imaginação infantil. Pensei em um tratamento médico, mas meu marido lembrou-me de que aquela havia sido a nossa primeira tentativa e que não havia dado em nada.

Fiquei sem argumentos perante ele.

Certa noite, acordamos com os berros de nosso filho.

Quando chegamos ao quarto dos meninos, ele estava sentado, suava muito, com olhos arregalados. Nosso filho mais velho, em pé ao lado da cama do irmão, estava assustado e sem saber o que fazer.

Perguntei:

– O que houve, meu filho?

– Os monstros vieram me pegar, mamãe!

Meu marido falou:

– Meu filho, isto é coisa da sua imaginação! Vou buscar água com açúcar para você.

Aquele tormento repetiu-se por várias e várias noites.

Não sabíamos o que fazer, até que, numa noite em nosso quarto, meu marido olhou-me e disse:

– Nós vamos levar o menino ao tal terreiro de Umbanda. E ponto final!

Sentia-me enfraquecida e sem argumentos perante toda aquela situação. Fiquei contrariada, porém, sem encontrar outra solução, acabei concordando.

O terreiro localizava-se em um bairro bem pobre da nossa cidade.

Chegamos ao local, era uma casa bem simples e velha, de madeira; tinha ao portão um médium de branco que nos recebeu sorrindo. Explicamos o motivo de nossa visita à casa e ele, imediatamente, encaminhou-nos a uma sala, onde fomos recebidos por uma mulher que nos deu a ficha de número 7 e solicitou que aguardássemos.

Esperamos por aproximadamente duas horas, até que fomos chamados.

Fomos colocados à frente de uma mulher negra, magra, que sorriu para nós. Podia-se perceber que seu estado consciencial estava alterado. Usava um lenço branco na cabeça, fumava um cachimbo, bebericava uma cumbuca com café e, próximo ao seu pé direito, um desenho (que mais tarde, vim saber que era um ponto riscado) com uma vela e um copo-d'água (com um galho de arruda dentro).

Olhou-nos e começou a falar:

– Criancinha (dirigindo-se ao meu filho), meu filho (dirigindo-se ao meu marido), minha filha (quando se dirigiu a mim, olhou-me no fundo dos olhos, fazendo com que me arrepiasse da cabeça aos pés), que bom que vocês vieram hoje! Eu estava esperando ansiosamente por vocês, sabem?

Ficamos em silêncio, mas meu filho não parava de sorrir para ela.

Ela prosseguiu (desta vez, olhando-me o tempo todo no fundo dos olhos e dirigindo-se diretamente a mim):

– Minha filha, há alguma coisa no seu corpo (fora ou dentro dele) que faça a senhora melhor do que eu, do que minha menina aqui que é meu cavalo ou do que qualquer pessoa que está neste modesto barraco hoje? Há alguma coisa no seu corpo ou no seu espírito que faça a senhora melhor do que qualquer pessoa no seu trabalho? Há alguma coisa no seu corpo ou na sua alma que faça a senhora melhor do que qualquer pessoa no lugar onde mora? Há alguma coisa na senhora que a faça melhor do que os mais abastados filhos deste lugar? Há alguma coisa no seu corpo, na sua alma, que a faça melhor do que os leprosos, mendigos e portadores de outras doenças? Pois, se há, mostre-me onde está, porque, desde que chegou aqui, estou olhando para senhora da cabeça aos pés, da direita para a esquerda, de dentro para fora e não estou vendo nada demais ou diferente do que qualquer filho que já entrou aqui neste lugar! Então, a senhora, desde muito pequena, sempre se achou melhor do que todos, ou, pelo menos, a "mais especial". E o que faz a senhora ter tanta certeza disso?

Eu estava petrificada, olhando para ela; não sabia o que dizer, não sabia nem o que eu estava sentindo naquele momento, não conseguia nem chorar.

– Hein, minha filha? Vamos, responda, porque Negra Velha quer saber! A senhora sabe de onde eu venho? Pois vou lhe dizer em poucas palavras: venho de um quilombo muito longe daqui. Terminei minha vida lá. No mundo espiritual, recebi a incumbência de trabalhar na Umbanda e ganhei esta doce menina aqui, que a senhora está vendo, como "cavalo". E sabe o que esta minha menina faz para se sustentar, minha filha? Ela limpa as casas dos filhos mais abastados, assim como a senhora. E veja só: a senhora, que se acha tão melhor que os outros, que não gosta de gente preta que nem eu e minha menina, acabou aqui, para pedir ajuda para uma negra velha que já foi escrava e que monta num "cavalo" que é uma empregada, limpadora de casas. Veja como são as coisas, não é, minha filha?

Meu marido interveio:

– Minha senhora, sabe o que é? Precisamos encontrar uma solução para esses pesadelos e alucinações do meu filho. É um problema muito sério que vem nos incomodando já faz algum tempo.

Ela olhou para meu marido, baforejou o cachimbo, deu uma leve gargalhada e falou:

– Meu senhor, não se preocupe! Não há nada demais com seu filho. Ele só está tendo a mediunidade dele aparecendo cedo. Eu sei que ele é muito criança ainda para isto, mas tudo teve um propósito para acontecer.

Olhou para mim e prosseguiu:

– Tanto teve, que você acabou aqui, onde já deveria ter vindo antes, para falar com a Negra Velha. Tudo isto, minha senhora, meu senhor, minha criança, foi a forma que Deus encontrou para acordar esta senhora para a vida. Por meio deste filho de vocês, vieram até aqui.

Eu queria ir embora daquele lugar e não voltar mais. Precisava de uma solução para o problema do meu filho e não de uma "lição de moral".

Pensei: "Tudo isso aqui não passa de charlatanismo".

Ela olhou para mim e sorriu. Percebi que ela sabia o que eu havia pensado.

De forma seca, ela falou:

– A senhora quer, então, "curar" seu filho, não é mesmo?

Respondi imediatamente:

– Sim, eu quero e muito!

Meu marido sacudiu a cabeça afirmativamente e de modo muito afoito.

– Então, vou fazer um trato com a senhora – àquela altura, ela já não olhava mais para meu marido e meu filho, só para mim, no fundo dos olhos, como se quisesse invadir minha alma. – Se, a partir de hoje, nas próximas sete noites, seu filho não tiver mais visões ou pesadelos, a senhora vem aqui na gira da semana que vem e traz uma roupa branca.

Chamou a mulher que nos atendera e orientou-a para que na próxima gira eu fosse a primeira a consultar com ela.

Saímos de lá. Descrente e irônica, disse ao meu marido:

– Mais algumas horas perdidas e nenhuma solução para o problema do garoto!

– Vamos ver, vamos ver!

Não podia crer que meu marido nutria esperanças com aquele monte de bobagens que havíamos presenciado, visto e ouvido.

Só que, para meu espanto, a semana passou-se e, pela primeira vez, em muito tempo, meu filho não manifestara mais nenhum daqueles sintomas noturnos de pesadelo e não falara de mais nenhuma visão.

No sexto dia, cheguei a perguntar a ele se estava tudo bem. Ao que ele respondeu que sim, que dormia muito bem nas últimas noites e parara de ter as rotineiras visões.

Naquela noite, conversei com meu marido:

– O dia de ir naquele lugar é amanhã. Até agora, ao que me parece, ele se curou.

– Então, cumpra o combinado e vá.

Comecei a ficar preocupada. Eu não queria voltar àquele lugar nunca mais, mas, se naquela noite meu filho não tivesse pesadelos ou visões, eu teria de atender ao pedido daquela entidade. Era uma cobrança íntima que eu mesma, estranhamente, me fazia naquele momento.

E, passada aquela noite, mais uma vez meu filho dormiu como um "anjo", sem pesadelos ou visões.

Acordei com a certeza de que iria novamente àquela casa simples, naquele bairro pobre. E sentia um misto de "nojo" por ter de ir àquele lugar e ver aquela "gente" com felicidade pelo fato de, após muitos meses, meu filho estar curado.

Cheguei ao lugar, a mulher que nos recebera da outra vez aguardava-me à porta. Muito educada e carinhosa, transmitia-me com seu sorriso boas vibrações, e eu, estranhamente, estava gostando daquilo tudo.

Ela me levou até um cômodo para trocar de roupa. Assim o fiz.

O ritual de Umbanda iniciou. Era tudo muito estranho para mim.

Após algum tempo, ela me puxou pela mão, conduzindo-me à frente da Preta-Velha.

Sentei-me no banco em frente a ela, mas, imediatamente, ajoelhei-me à sua frente e intuitivamente beijei suas duas mãos.

Agradeci por ter curado meu filho. Ao que ela me disse:

– Quem curou foi a senhora, filha! Fiz um trato com a senhora. Eu fiz minha parte, a senhora fez a sua, vindo aqui. Agora, para manter tudo bem e limpo, a senhora vem aqui sempre. Vai começar a trabalhar ajudando as pessoas que aqui chegam buscando soluções para suas vidas, buscando uma palavra de conforto, um alento, cura para as suas dores e descarrego. Vindo aqui, minha filha, a senhora vai remodelando seu íntimo e reencontrará o amor Divino que mora aí dentro.

Comecei a chorar, balbuciava muito e disse a ela:

– Obrigada, Vovó, muito obrigada! Eu lhe serei eternamente grata. Meus filhos são tudo para mim.

Ela falou:

– Estenda este amor que tem pela sua família aos seus irmãos em Deus, minha filha! Olhe para todos que aqui estão, são seus irmãos. E a senhora pode ajudá-los muito!

– Mas como eu posso ajudá-los, Vovó?

– Com um sorriso e uma palavra de força, minha filha! Esse povo que vem aqui é muito sofrido. A senhora tem instrução. Junte a ela o amor que há no seu coração e poderá contribuir bastante para a vida de muitas dessas pessoas.

Enxuguei minhas lágrimas, agradeci a ela novamente e coloquei-me à disposição para trabalhar.

Comecei distribuindo fichas, auxiliando na administração da casa. Após algum tempo, já cambonava a Preta-Velha e entidades de outros médiuns.

Confesso que foi difícil vencer os preconceitos que carregava em meu íntimo. Mesmo consciente deste problema, sorrindo para as pessoas, muitas vezes ainda me pegava com nojo de pessoas ou situações.

Num certo dia, tive de ajudar num trabalho de desobsessão espiritual em que a Preta-Velha e outros Pretos-Velhos da casa atuaram auxiliando um senhor de idade avançada, negro e bem pobre, visivelmente atingido por forças espirituais malignas.

E foi a primeira vez que senti compaixão por alguém que, anteriormente, eu consideraria um "qualquer" ou emitiria um certo ar de "nojo" para com a pessoa.

Naquele dia, fui muito feliz para casa, pois percebi que eu estava reformando-me intimante.

E foi após essa situação que comecei, durante as sessões, a sentir vibrações, arrepios pelo corpo.

E não demorou muito para que minha Preta-Velha se manifestasse. Foi preciso que eu trilhasse realmente o caminho da humildade, livrasse-me de todos os prejulgamentos "montados" em meu íntimo para as mais variadas situações, para que minha espiritualidade aflorasse.

Trabalhei na Umbanda por 43 anos até o meu desencarne. E hoje, aqui do lado espiritual, afirmo muito feliz que esta religião foi um "reformatório de amor" na minha vida.

Os preconceitos levam-nos a trilhar a estrada da ignorância, que é o caminho avesso ao que Deus nos sinaliza.

Espero que meu relato sirva para a reflexão de todos.

Meu nome é Adriana e desejo que todos sejam iluminados por Deus!

Reflexão e Transmutação, Essenciais para a Evolução

Andava pela praça da cidade onde nasci. Eu já estava bem velho, e havia voltado para minha terra natal, pois, viúvo, sentia que estava nos últimos anos de vida.

Havia nascido naquela cidadezinha, lá fui criado por meus pais ao lado dos meus irmãos (àquela altura, todos já falecidos) e havia saído de lá bem jovem para trabalhar em uma metrópole.

Na cidade grande, conheci aquela que foi minha esposa e mãe dos meus filhos e comigo viveu por ininterruptos 37 anos.

Tivemos um filho e, em seguida, uma filha.

Àquela altura, no final da minha vida, meus filhos já viviam suas vidas ao lado de seus cônjuges e haviam me presenteado com um lindo neto e uma linda netinha.

Trabalhei como carteiro durante toda a minha vida e, após aposentado, era auxiliado financeiramente por meu filho e minha filha, pois já me encontrava com a saúde bastante debilitada e gastava muito com remédios, sendo muito difícil conseguir manter-me com a parca aposentadoria que recebia.

Quando completei 70 anos, achei melhor voltar para minha terra natal. Eu sempre disse a todos que morreria lá. Meus filhos não concordaram, insistiram que eu ficasse onde estava, pois estava próximo a eles e sob "suas vistas".

Porém, a teimosia era uma de minhas características mais fortes e, após muito bater pé, consegui que concordassem com minha decisão.

Acabei voltando à minha cidade de origem e fui viver numa pequena casa, aos fundos de onde um dos meus irmãos viveu. Na casa da frente, vivia minha sobrinha com sua família.

Procurava manter uma vida discreta e não incomodar minha sobrinha. E, periodicamente, meus filhos visitavam-me aos finais de semana.

Naquela tarde ensolarada, naquela praça, sentei-me e fiquei observando as crianças que brincavam por ali com suas mães, tias e até mesmo algumas com suas babás.

Lembrei-me da minha infância naquela cidade. Aquele local onde estava, recordava bem: era um terreno baldio de mato muito alto. Aliás, durante as décadas que permaneci fora, minha cidade mudara muito, passando de uma pequena roça (apesar de ainda manter uma cultura pecuária muito forte em sua parte rural, que, àquela altura, era bem menor do que durante a minha infância) para uma pequena cidade urbanizada e moderna.

Passei a lembrar-me de vários momentos da minha vida. Via um "filme" passar em minha mente e, quase involuntariamente, avaliava-me.

Uma bela Cigana sentou-se ao meu lado e sorriu para mim.
Eu disse a ela:
– Vai pedir para ler minha mão?
Ela, ainda sorridente, respondeu-me:
– Não, meu senhor! E, mesmo assim, posso ficar ao seu lado?
– Claro, fique à vontade!
– Muito bom! O que faz aqui hoje?
– Apenas estou descansando um pouco, em seguida retornarei à minha casa.
– Entendo! Às vezes é bom dar uma paradinha, não é mesmo? Refletir, pensar na vida, avaliar tudo o que fizemos, ainda fazemos e o que faremos. Acho isso tudo muito proveitoso!

Comecei a estranhar aquela cigana. O que ela queria dizer com aquilo tudo? Por que estava ali, ao meu lado, falando aquelas coisas?

Imediatamente, ela respondeu aos meus questionamentos mentais:
– Talvez eu esteja aqui para ajudá-lo nestas avaliações!
– Você disse que não queria ler minha mão, mas quer fazer adivinhações?
– De modo algum, meu senhor! Eu não adivinho nada. Mas, por que o senhor está reagindo desta forma? Será porque me conheceu na rua? Afinal, houve várias ocasiões em que o senhor discriminou ou julgou pessoas que "conhecia na rua"!

Fiquei pasmo, ouvindo tudo o que ela dizia, pois nunca havia visto aquela mulher e, sei lá usando quais métodos, ela lia meus pensamentos e "adivinhava" meu comportamento e meus procedimentos.

Ela prosseguiu:
– O mais engraçado é que o senhor era carteiro, uma profissão "de rua". E o senhor lembra-se de quantas vezes chutou moradores de rua que "atravancavam" seu caminho? Lembra-se quantas vezes escorraçou crianças de rua que o atrapalhavam pedindo dinheiro?

Lágrimas me vieram aos olhos. Não podia acreditar no que estava ouvindo daquela mulher estranha, aquela Cigana. Mas era certo que ela tocava em minhas "feridas".

Prosseguiu:
– Lembra-se da vez em que escorraçou da porta da sua casa uma mulher que se vestia como eu e apenas foi pedir uma informação? Lembra-se de como o senhor olhava de cima a baixo pessoas de pele negra? E, finalmente, lembra-se de como seus preconceitos afloravam sempre que o senhor bebia? Foram algumas confusões em festas ou em bares "conquistadas" pelo senhor nesses eventos, não é mesmo?

Indaguei-a:
– Como você sabe disso tudo? Aliás, quem é você?
– Chamo-me Rosa, mas as pessoas costumam chamar-me Rosa dos Ventos.
– E você vive onde, Rosa dos Ventos?
– E de que isto importa, meu senhor? Ou está começando a julgar-me?
– De modo algum...

Naquele momento, já chorava copiosamente olhando aquela mulher ao meu lado. Havia algo nela que mexia com meus sentimentos mais íntimos, fazia sentir-me, no auge dos meus 71 anos, como uma criança. Ela falou:

– Você, no fundo, é uma criança ainda, meu senhor! Tudo o que está vendo, ouvindo e sentindo hoje servirá de aprendizado que levará por toda a eternidade.

Passou a mão em minha face, enxugando minhas lágrimas e disse:

– Apesar dos equívocos, o senhor é uma boa alma. Lembra-se de quantas pessoas ajudou? Lembra-se das vezes que largou o trabalho (que acumulava para o dia seguinte) para auxiliar senhoras do bairro onde entregava as cartas, às vezes levando-as ao hospital ou ao médico; outras vezes, ajudando-as em afazeres domésticos, consertos? Aliás, com as pessoas idosas o senhor nunca manifestou preconceito, não é mesmo?

De cabeça baixa, respondi:
– É verdade!

– Então, meu senhor, tenha como aprendizado este nosso diálogo nesta bela tarde de sol. Olhe para esta praça, para as crianças, para todos que estão aqui. Olhe para a vegetação, para o céu; sinta o vento que bate em seu rosto, olhe para o sol, deixe seus raios penetrarem na sua alma. Misture isto tudo em seu interior com tudo o que ouviu aqui hoje de mim.

Ela levantou-se, parou à minha frente, rodopiou sua saia, envolvendo-me em um vento muito forte e frio. Olhou-me e disse:

– A partir de agora, carregue consigo, em seu coração, tudo o que lhe disse. Sou a Cigana Rosa dos Ventos!

Saiu caminhando e, após passar por uma árvore, não a vi mais.

Fiquei ali parado, perplexo por alguns instantes.

Em seguida, perguntei a algumas pessoas se haviam visto para onde tinha ido a Cigana, mas todos foram unânimes ao dizer-me que eu passara o tempo todo sentado sozinho naquele banco, sem ninguém ao meu lado.

Alguns até olharam-me com desconfiança, julgando-me "maluco". Outros riram e cochicharam entre si. Naquele instante, percebi como se sente mal alguém que é julgado e discriminado.

Vivi mais dois anos, falecendo aos 73, por falência múltipla dos órgãos. E nesses últimos anos encarnado, após a conversa com aquela Cigana, passava os dias pensando em minha vida, avaliando minhas atitudes. E todos os dias, sem falta, eu me lembrava daquele diálogo na praça.

Passei meu final de vida quieto, falando pouco, avaliando-me e procurando melhorar.

Após meu desencarne, aqui no lado espiritual da vida humana, tenho buscado o conhecimento e, com isso, tenho aprendido a conhecer melhor a mim, mas, fundamentalmente, a condição humana. E afirmo que é por conta desse conhecimento que comecei a agir de forma mais justa interna e externamente, comigo e com meus irmãos em Deus.

Espero que meu relato leve todo e qualquer irmão ou irmã que lê-lo à reflexão. Meu nome é Ernesto e desejo que Deus abençoe você, que chegou até este meu depoimento.

Da Ignorância à Sabedoria – Conduzido por um Preto-Velho

Parece que foi ontem! Mesmo fazendo já algum tempo que desencarnei (se considerarmos os parâmetros de tempo do plano material), sinto tudo o que relatarei a seguir ainda muito recente. Vejo ainda muitas das cenas em minha frente, como um filme. Tudo se faz muito presente, mas, por outro lado, não me assusta. Ao contrário, serve para que eu aprenda sempre, a cada instante, um pouco mais com os erros que cometi. Tenham certeza, caros leitores, isto tem me proporcionado crescer muito rapidamente. E, garanto-lhes, é muito bom!

Eu era gerente de uma agência bancária, levava uma vida aparentemente boa, porém, um pouco desregrada.

Beirava os 40 anos e ainda vivia como um adolescente: bebidas, noitadas, mulheres, muita farra. O fato de ter uma profissão estável e bem remunerada apresentou-me às baixas vibrações e às futilidades do mundo material, que nos levam, invariavelmente, ao fundo do poço, quando perdemos o controle da situação.

Era oriundo de uma família espírita. Quando criança, sempre ia com meus pais a um centro que frequentavam, assistia às sessões de "mesa", tomava passes, bebia água fluídica.

Meus pais cultivavam uma bela biblioteca em casa, em que a grande maioria dos títulos era de orientação espírita, especialmente as obras de Allan Kardec.

Já na adolescência, senti-me atraído por aqueles livros e passei a "devorá-los". Achava muito interessantes todas as obras, os relatos, as histórias, a relação paralela do mundo espiritual para com o material, ou, melhor dizendo, do mundo material para com o espiritual.

Já na minha fase adulta, continuei frequentando o centro espírita.

Durante a faculdade, diminuí a frequência com que lá aparecia, mas, ainda assim, gostava e orgulhava-me em fazer parte, de alguma forma, daqueles que direcionavam sua fé para aquela doutrina.

Porém, mesmo gostando muito daquela religião, eu, naquele momento da vida, estava optando pelos bares com colegas de faculdade, pelas noitadas, pela "farra" de um modo geral.

O tempo foi passando, mas eu só fui ficando mais velho. Minhas atitudes continuaram as mesmas aos 25, aos 30, aos 35... e, naquele momento, onde se iniciou meu relato, aos 38 anos de idade.

Vivia como um adolescente. Era solteiro por convicção. Gostava de ter muitas mulheres e, ao mesmo tempo, não ser incomodado por nenhuma.

Mas, com tudo isso, ainda frequentava, na medida do possível, o centro espírita. Lia, estudava, realmente acreditava naquela doutrina. Mas nunca havia parado para pensar quando, em qual momento da vida, eu realmente pararia para autoaplicar tudo aquilo que a doutrina me ensinava.

E foi assim durante muitos anos.

É preciso grifar aqui neste depoimento que, desde muito cedo, afloravam em mim alguns preconceitos que carreguei durante muito tempo. Quando digo "muito tempo", refiro-me a uma encarnação inteira.

Nunca parei, enquanto encarnado, para pensar que os preconceitos que eu carregava, praticando-os da forma mais natural que pode haver contradiziam-se à doutrina que eu tanto cria e também ao discurso que eu fazia, algumas vezes, no centro espírita.

Sim, porque, aos 34 anos de idade, passei a contribuir de modo mais participativo naquele templo, quando me tornei "evangelizador".

Tudo ocorreu muito rapidamente. Certo dia, o dirigente da casa chamou-me e disse que há algumas semanas aguardava a autorização dos mentores da casa para conversar comigo, pois era chegada a hora de eu contribuir para com os trabalhos.

Então, tornei-me, como já citei, evangelizador. Passei, ao início dos trabalhos, a ler trechos de livros, do Evangelho e a transmitir palavras de amor e conforto às pessoas.

Era confortante. Muitas vezes, após os trabalhos, pessoas das mais variadas classes sociais vinham agradecer-me pelas palavras.

Eu, equivocadamente, muitas vezes, saía feliz do trabalho espiritual e extravasava minha felicidade em algum botequim, num copo de cerveja.

Mesmo já fazendo aquele trabalho como evangelizador, em momento algum parei para questionar-me sobre minhas atitudes, muito menos sobre meus conceitos e preconceitos.

Muitas vezes, pessoas de origem humilde procuravam-me no centro espírita, ora para transmitirem seus agradecimentos, ora para pedirem conselhos, auxílio espiritual, em alguns casos, até auxílio moral.

E era nessas horas que o conflito entre a minha missão propriamente dita e meus preconceitos chocavam-se, provocando em meu íntimo uma explosão que me fazia muito mal.

Vou exemplificar com uma situação: era uma noite de muita chuva e, por conta disso, poucas pessoas foram ao trabalho espiritual. Lembro-me, de ter falado para nove pessoas somente. Depois da evangelização, elas aguardavam para alguns trabalhos terapêuticos, pois muitas estavam ali fazendo tratamento espiritual em alguma das salas onde se cumpriam esses atendimentos.

Uma das primeiras pessoas a ser atendida e, por consequência, uma das primeiras a ir embora, era uma senhora de aproximadamente 65 anos de idade, negra, muito pobre, desprovida da maioria dos dentes. Veio sorrindo para mim e pediu para me dar um abraço.

Abaixei-me para abraçá-la (ela tinha um problema na coluna que a fazia caminhar encurvada, além de, ao natural, já ser bem mais baixa do que eu) sentindo um enorme nojo em ter de tocá-la. Ela abraçou-me, beijou minha face (arrepiei-me da cabeça aos pés naquele momento) e agradeceu-me, dizendo que minhas palavras tinham dado a ela muito conforto e esperança em dias melhores, pois estava com uma filha muito doente e, muito pobre, não tinha condições de proporcionar a ela um tratamento adequado.

Sorri para ela, sem graça, dizendo que desejava que Deus a abençoasse.

Na verdade, quem precisava de bênção divina ali, naquele ambiente, era eu.

Fui para casa, naquele dia, sentindo-me sujo, nojento. Banhei-me, fui dormir, mas a sensação prevaleceu. E passei a semana inteira sentindo-me assim.

E foi durante aquela semana, aliás, que "peguei pesado" na farra.

Não sabia, àquela época, o mal que isso fazia ao meu espírito.

Na semana seguinte, novamente fui chamado pelo dirigente da casa, que me falou exatamente assim:

– Meu irmão, os mentores da casa chamam-no mais uma vez a assumir uma responsabilidade ainda maior. Você deverá trabalhar em uma das salas de tratamento. Ao que me foi passado, seu mentor espiritual precisa de você para trabalhar aqui nesta casa.

Confesso que fiquei muito feliz. Porém, hoje tenho plena consciência que aquela felicidade ocorrera mais por vaidade do que por amor a Deus.

Passei a trabalhar em uma das salas e, rapidamente, já sentia a presença do meu mentor ao meu lado, auxiliando-me nos trabalhos.

Por algum motivo que eu desconhecia à época (hoje sei bem por que), na sala em que eu trabalhava só adentravam pessoas humildes, negras. Aquilo me deixava intrigado, mas, quanto mais nojo eu sentia, mais eu ouvia meu mentor dizer: "Vai em frente, filho, é seu irmão!".

E eu sabia que deveria atender a todos que ali aparecessem sem qualquer tipo de discriminação. Só que, ainda assim, em vez de reformar-me, todas aquelas situações afloravam ainda mais os preconceitos dentro de mim.

Passei a perceber que meu mentor tinha um jeito diferente de falar. Falava sim de modo suave, mas parecia ser bem velho, tinha um sotaque estranho, como se fosse um velho estrangeiro falando português.

Certa vez, perguntei seu nome. Ele respondeu: "Aqui não, meu filho, aqui eu não vou lhe dizer".

Fiquei intrigado com aquilo. Numa conversa com outros médiuns da casa, perguntei como era a relação deles com seus mentores. Alguns relataram terem o auxílio nos trabalhos de mestres orientais, o que era o mais incomum ali naquela casa. Mas era uma casa que aceitava todo e qualquer espírito que viesse trabalhar para o bem comum, em nome de Deus.

Quando descrevi minha relação com meu mentor, uma das médiuns sorriu e abaixou a cabeça. Senti que ela sabia de algo que poderia ajudar-me a descobrir mais sobre ele.

Dirigi-me a ela, quando estávamos nos retirando da casa, perguntando se poderia ajudar-me. Ela respondeu:

– Caro irmão, isso não compete a mim! Somente ele pode responder a esta sua dúvida.

Naquele dia, saí de lá mais grilado ainda.

Por que estava tudo acontecendo daquela forma? Afinal, se eu já atuava nos trabalhos espirituais da casa, sentia a presença dele, por que tanto mistério?

Fiquei mais dois meses trabalhando naquela casa, ativamente, nos trabalhos mediúnicos que ocorriam às segundas-feiras. No restante da semana, eu atuava muito pelos botequins e bordéis da cidade.

Num certo dia de trabalhos espirituais, senti que estava tendo problemas no atendimento às pessoas. Sentia que não conseguia corresponder, como sempre ocorria nos trabalhos.

Aquela irmã que sorriu e não quis falar-me sobre meu mentor aproximou-se de mim (era um intervalo entre um atendimento e outro) e disse:

– Irmão, é melhor você parar por aqui. Ele não vai trabalhar hoje. Está ali, sentado no toco de árvore, fumando seu cachimbo, nem olhando para você está. É melhor você ir para casa descansar.

Fiquei pasmo com o que ela dissera, porém, nada além daquilo ela quis falar-me.

Na semana seguinte, assim que cheguei à casa, ela aproximou-se de mim e falou:

– Boa-noite, irmão! Olha, temo dizer-lhe que ele não trabalhará hoje novamente. Volte para casa!

Confesso que, naquele momento, senti-me perdido, não sabia mais o que dizer ou fazer. Ainda insisti:

– Por favor, irmã, me ajude, não sei o que está se passando!

– Não há muito que eu possa fazer, meu irmão. Mas creio que você deva conectar-se com ele. Talvez seja isto que esteja faltando, uma conexão real e bem afinada. Só posso dizer que vejo que ele não está muito satisfeito com você.

Passei aquela semana muito confuso. Mesmo no trabalho, não conseguia parar de pensar no que estava acontecendo.

Na quinta-feira, passei a sentir a presença dele ao meu lado, do mesmo modo que sentia nos trabalhos espirituais. Só que, mesmo estando ali, perceptível, não respondia às minhas perguntas.

À noite, em casa, supliquei mentalmente: "Meu senhor, meu mentor, diga-me o que está acontecendo!".

Nada ele falou.

Porém, senti vontade de ligar para aquela irmã do centro espírita e assim o fiz.

Conversei um pouco com ela ao telefone. Ela, vendo minha situação, colocou-se à disposição para ajudar-me. E, no dia seguinte, à noite, lá estava ela em minha casa para conversarmos.

Disse que via sempre o ao meu lado, inclusive, naquele momento, ali em minha casa.

De repente, vi seus olhos arregalarem. Ela falou:

– Irmão, sente-se aqui, por favor!

– Sentei-me na cadeira mais próxima. Ela segurou minhas mãos com firmeza e, a partir daquele momento, não mais dominei meus movimentos e pensamentos.

O Preto-Velho incorporou em mim, conversando com aquela irmã e recomendando tudo o que deveria ser feito por mim, na caminhada espiritual, dali em diante.

Após aquilo tudo, já na porta da minha casa, antes de nos despedirmos, ela falou-me:

– Há uma coisa que devo fazer, que me foi pedido por ele. Ligarei para você ainda no final de semana para passar-lhe o que ele me recomendou. E, mantenha-se conectado, pois a partir de agora ele voltará a falar com você. E de forma muito mais intensa, viu?

Despedimo-nos, abracei-a, agradeci e ela foi embora.

No sábado à noite, senti a presença dele ao meu lado. Percebi que queria comunicar-se comigo. Sentei-me à mesa, peguei uma caneta e um papel e ouvi ele dizer: "Nada disso, meu filho, o senhor não vai escrever nada. O que Negro Velho vai berrar agora é tão alto que entrará naturalmente na sua alma".

E passou a falar: "O senhor ainda não compreendeu o tamanho da responsabilidade que tem no cumprimento da sua missão espiritual. Por um acaso, o senhor já parou para questionar-se por que veio, nesta encarnação, com esta missão? Já parou para pensar por que insiste nos mesmos erros? A balbúrdia (porque esta tem sido a principal característica da sua vida), meu filho, não o levará a lugar algum. Aliás, levará sim, a um lugar que eu acho que o senhor não quer muito ir, mas faz pouco para evitar. O senhor tem trabalhado espiritualmente numa casa que não é bem onde deve trabalhar, mas, por ser uma casa de luz, foi-lhe permitido até então, mas, a partir de agora, não mais irá trabalhar lá. O senhor já percebeu que tem um Negro bem Velho que conduz sua jornada, né? E, por um acaso, o senhor sente nojo de mim, como sente de todas as pessoas negras e humildes que cruzam seu caminho?".

Ele silenciou, eu estava envergonhado, não sabia o que dizer.

Ele prosseguiu: "Então, reflita sobre tudo isto! Aguarde a orientação que receberá amanhã e lembrará do que estou falando hoje. E, a partir de agora, não faça mais nada sem me consultar."

A conexão encerrou-se naquele momento.

Não sabia o que sentir. Num determinado momento, até pensei: "Um Preto-Velho... nossa!".

Eu nunca poderia imaginar que o destino me pregaria uma peça daquele tamanho. Eu, um ignorante, preconceituoso, estava nas mãos de um espírito que se manifestava por meio de um arquétipo que representava exatamente tudo aquilo que me dava "nojo".

Fiquei muito confuso e mal consegui dormir aquela noite.

No dia seguinte, seguindo as orientações do Preto-Velho, minha amiga e irmã de fé ligou-me e passou-me um endereço. Falou:

– Olha, irmão, você tem de ir lá nessa segunda!

– Mas, e o nosso centro?

– Irmão, vá nesse. É lá que você tem de ir!

– Irmã, ele ao menos disse a você seu nome? Pois eu ainda não sei.

– Ele vai ter de dizer isso a você, meu irmão!

Agradeci a ela, despedimo-nos e desliguei o telefone.

Na segunda-feira, após o trabalho, dirigi-me ao endereço. Era um bairro bem pobre. Desci do meu carro, cheguei à porta da casa. Não havia nenhuma placa com indicativo de ser um centro espírita.

Logo à porta, havia um homem trajando roupa branca que me encaminhou ao salão onde acontecia o ritual.

A casa era bem simples e bem velha. Sentia que, em algumas partes, o assoalho afundava quando eu pisava.

E não preciso dizer também que sentia um pouco de nojo por estar ali naquele lugar e com "aquela gente".

Vi um ritual diferente do que eu conhecia no centro espírita que frequentava. Perguntei ao rapaz que me recebeu:

– Aqui vocês praticam Espiritismo? Achei que fosse, pois a pessoa que me indicou a casa é espírita.

Ele sorriu, e sabiamente falou:

– Não, irmão, aqui é um templo de Umbanda. Acho que, apesar de a pessoa que lhe passou nosso endereço ser espírita, o espírito que o trouxe até aqui não só atua na Umbanda, mas também nesta casa que o senhor acaba de conhecer.

Fiquei intrigado com aquilo tudo.

Assisti àquele ritual por quase duas horas. Achava tudo muito estranho, tinha vontade de sair correndo dali, mas, sentia meu mentor ao meu lado, segurando-me vibratoriamente. Eu, literalmente, não conseguia deslocar-me nem para ir ao banheiro.

O cambono (era o rapaz que me atendera quando lá cheguei) buscou-me dizendo que o chefe da casa falaria comigo naquele instante.

Conduziu-me até ele.

Seu médium, um homem negro, magro, bem humilde, de aproximadamente 50 anos, pegou em minhas mãos. Aquele toque transmitiu-me uma paz inigualável.

Sentei-me à sua frente em um banquinho de madeira.

Ele olhou-me e falou:

– Bem-vindo à sua casa, meu fio!

Desajeitado e sem saber o que fazer, falei:

– Muito obrigado, meu senhor!

– O sinhô sabe quem eu sou? Meu nome é Pai Joaquim! Eu zelo por todos nesta casa. Cuido daqui, sabe?

Fiquei olhando para ele, em silêncio. Ele prosseguiu:

– Nego Véio aqui sabe bem o que o sinhô tá passando. O sinhô é bem teimoso, né fio? Pois eu sei que o sinhô tava num centro espírita. Tava na hora de vir conhecer a Umbanda, que é sua religião de verdade, né fio?

Abaixei a cabeça (sentia-me, naquele momento, uma criança em frente ao seu avô) e falei:

– É, sim senhor!

– Então, fio, o sinhô, a partir de agora, vai trabaiá nesta casa aqui.

Arregalei os olhos, apavorado. Aquela casa, além de velha, era longe, num bairro pobre e "perigoso".

Ele, captando meu pensamento, falou:

– O sinhô tem nojo daqui, né fio? Muito bem, então, me diga, como que o Nego Véio que tá aí do seu lado, que tem que trabaiá aqui nesta casa, vai fazê pra cumprir o que tá determinado?

Naquele instante, meu Preto-Velho incorporou em mim e eu já não dominava mais meus movimentos e meus pensamentos.

Conversaram por alguns minutos. Quando meu Preto-Velho "foi embora", Pai Joaquim olhou para mim e disse:

– Não tem muito jeito, meu fio! Pai Thomé falou que o sinhô vai trabaiá aqui e ponto final!

De tudo aquilo que estava acontecendo, ao menos eu havia descoberto o nome simbólico do meu mentor.

Passei a trabalhar naquela casa. No início, cambonei. Em alguns meses, passei a trabalhar ativamente com Pai Thomé.

Trabalhava, inicialmente, nos passes, depois consulta e, em seguida, até nas sessões de cura espiritual.

Trabalhei durante 21 anos, até meu desencarne, aos 59 anos de idade!

Consegui alguns progressos: diminuí meu contato com bebidas e farra (apesar de não ter abandonado totalmente), e trabalhava mentalmente meus preconceitos. Especialmente, porque, além de trabalhar com um Preto-Velho como Pai Thomé (e como todos os outros) que não tolera preconceitos e discriminações, trabalhava numa casa comandada por um Preto-Velho e que, no seu lado material, era toda formada por pessoas pobres, humildes, e na maioria dos casos, negras.

Eu era o único médium da casa que tinha carro do ano.

Mas, apesar de ter trabalhado meu mental, no fundo, até meu desencarne, nunca consegui livrar-me completamente dos preconceitos enquanto vivi aí no plano material da vida.

Porém, o trabalho caritativo na nossa maravilhosa Umbanda serviu de ponte para que, aqui no plano espiritual, eu conseguisse livrar-me (após um bom tempo de trabalhos, terapias e estudos do lado de cá) finalmente e por completo dessas "ervas daninhas" da ignorância que me acompanharam por muito tempo.

Recomendo a todos os umbandistas, que lerem este relato, uma reflexão sobre seus atos. Não deve haver distâncias entre o que praticam na vida religiosa e o que praticam no dia a dia.

E saibam que o trabalho religioso, na Umbanda, ou em qualquer religião, deve ser o de amor ao próximo. Por que é isto que Deus, nosso Pai, realmente quer de nós, seus filhos amados!

Que o Sagrado Pai Oxalá ilumine a todos! E que todos os Pretos-Velhos vos abençoem!

Meu nome é Agnaldo!

Preconceito, uma Erva Daninha na Lavoura da Vida

O que tenho para relatar neste espaço que me foi concedido por Deus, em primeiro lugar, e pelos Mestres da Luz – que, gentilmente, permitiram que, contando esta história de um pedaço de tudo o que passei, em minha última encarnação, eu possa aliviar minhas culpas e trilhar mais rapidamente no caminho de retorno ao Pai –, é simples e objetivo.

Fui uma mulher de altos e baixos em todos os sentidos.

Nasci no Brasil, mas passei parte da minha vida no exterior, em um país que não citarei aqui, para que não haja confusões, por parte de quem ler este depoimento, desse país com meus negativismos.

Meu pai tinha negócios naquele país e, quando eu ainda era bem criança, ficou mais conveniente a ele que residíssemos lá.

Apesar de toda a minha família estar no Brasil (tanto por parte de pai, quanto por parte de mãe), lá fiz amigos importantíssimos, os quais carreguei em meu coração até o meu desencarne e, ainda carrego, sentindo deles muitas saudades.

Até meus 23 anos, só ia ao Brasil nas férias. Estudei no país onde residíamos, iniciando lá uma faculdade, a qual tranquei a matrícula, pois, quando meu pai ficou muito doente, acabamos retornando para o Brasil. Ele, na verdade, sentindo que não tinha mais muito tempo de vida, queria estar perto dos "seus" e morrer em seu país.

E assim ocorreu, menos de dois anos após nosso retorno, meu pai desencarnou.

Minha mãe viveu oito anos além da morte de meu pai.

Quando eu era criança ainda e ia ao Brasil, nas férias, notava como as crianças pobres eram diferentes de mim.

Via, no meu país, uma diferença entre as crianças que eu não via no país onde eu morava.

Era uma diferença resultante da "escadinha" social que a injustiça humana promove em muitos lugares aí no plano dos encarnados.

Porém, já desenvolvia em mim um certo nojo daquelas crianças.

Eu era filha única de um casal bem estabelecido financeiramente e fora educada para viver na "alta sociedade".

E, infelizmente, meus pais acabaram contribuindo para o meu jeito arrogante e petulante, que foi desenvolvendo-se conforme eu crescia e tornou-se o grande mal da minha vida.

Quando, ainda pré-adolescente, eu olhava aquelas crianças, saía de perto, pois receava que elas pudessem me tocar.

Imaginem só, uma menina tão bela quanto eu (assim eu considerava-me e assim era-me dito por todos os bajuladores de plantão) ser tocada por outra criança negra que, além do mais, ainda colocava os dedos dentro do nariz.

No Brasil, eu via uma mistura social e "racial" que, durante o ano, no país onde morava eu não via.

Mas eu não entendia, e ninguém na minha família também nunca se dispôs a me explicar (até porque eu também refletia este sentimento, que era o de todos à minha volta) que o Brasil era, é e sempre será o país das "misturas".

Hoje, habitando o plano espiritual da vida, posso entender por que sempre se falou aí no plano material que o Brasil é o "país do futuro". E, apesar da interpretação equivocada dessa frase, desde sua "chegada" ao plano material, ela é correta. Mas esta explicação cabe aos Mestres da Luz, pois não tenho autorização nem outorga para tal.

E, não entendendo as misturas do Brasil – porque as diferenças nesse país abençoado sempre existiram, mas sempre conviveram e caminharam lado a lado –, fui desenvolvendo meu "nojo" pelas outras crianças pobres e negras.

Quando de retorno definitivo ao meu país, acabei concluindo no Brasil a faculdade de direito e, poucos anos mais tarde, cursei Administração de Empresas. Considerava que, com estas duas habilitações profissionais, eu poderia garantir um futuro tranquilo para mim.

Acabei, por conta desses dois diplomas, trabalhando em uma empresa de grande porte e, rapidamente, passei a ocupar um cargo com muitos privilégios e ótima remuneração.

Tudo, aparentemente, ia bem na minha vida.

Casei-me com um homem que também era advogado e, assim como eu, tinha "berço".

Porém, ao contrário de mim, tinha os pés no chão. Não se deixava iludir pela vaidade ou pelo "ego inflado".

Muitas vezes me alertou, dizendo que eu exagerava em meus "pré-conceitos" e "pré-julgamentos".

Não foram poucas as vezes, durante as mais de duas décadas que trabalhei naquela empresa, que humilhei pessoas.

Os "serventes de limpeza e cafezinho" eram meus alvos principais, mas, muitas vezes, também humilhava outras pessoas que ocupavam cargos mais altos.

Após 25 anos de serviços prestados, descobri que tinha leucemia e acabei aposentando-me.

Já estava com 53 anos e passei a me tratar com médicos renomados e caros.

Enfim, dinheiro não era problema para mim.

Porém, mesmo a doença não me corrigiu no plano material da vida.

Tratei-me durante 12 anos, desencarnando aos 65, deixando meu marido viúvo e um casal de filhos já adultos.

E tudo o que eu nunca havia imaginado passar "em vida", pude sentir na pele após meu desencarne.

Logo que desencarnei, custei a aceitar aquela condição "inevitável". Relutei, berrava durante meu velório para que as pessoas me ouvissem.

A partir de dado momento, consegui sair do caixão e andava pela capela, dizendo às pessoas que eu não havia morrido.

Passei a perambular pelas ruas. E, com o passar do tempo, o próprio tempo deixou de existir para mim.

Nunca fui muito religiosa, enquanto encarnada, mas acreditava em Deus, céu e inferno, como uma boa "católica não praticante".

Após meu desencarne, pude presenciar o "verdadeiro" inferno. Passei a perambular pelas ruas. Via espíritos de todos os "tipos" e "formas". E, no início, fiquei muito impressionada com a quantidade de espíritos que, como eu, estavam perdidos.

Porque, ao menos, essa noção de estar perdida era muito clara para mim.

Em pouco tempo, pude perceber-me maltrapilha, suja e fedorenta. Eu sentia exalar de meu corpo um cheiro infinitamente pior do que os dos "mendigos" do plano material, os quais, muitas vezes, eu escorraçava.

Fui assediada sexualmente por espíritos masculinos horrendos. E, quanto mais o tempo passava (apesar de a minha noção de tempo ser quase nula), mais fraca eu me sentia.

Eu não tinha mais forças, mas precisava continuar andando. As ruas para mim se tornaram infinitas.

Certo dia, lembro-me como se fosse hoje, logo ao cair da noite, ouvia uma música ao longe, bem distante de mim. Não entendia o que cantavam, mas queria aproximar-me.

E fui, praticamente me arrastando, na direção daquele som.

Quando fui me aproximando, notei que eu chegava a uma casa muito pobre, em um bairro bem humilde.

Obviamente, sentia nojo daquilo tudo, mas um "magnetismo" muito forte puxava-me para dentro daquela casa.

Assim que adentrei o ambiente, estranhei tudo. Hoje posso afirmar que o que acontecia ali era uma gira de Umbanda.

Via todos os médiuns de branco. Pessoas humildes, brancas e negras. E todas eram "nojentas" para mim.

Um espírito de um "negro velho", bem magro, aproximou-se de mim e falou:

– Bem-vinda à casa de Cabocla Jurema, minha filha!

Sem encostar em mim, aquele homem conduziu-me até o altar. Apenas seu olhar e seu magnetismo faziam-me andar involuntariamente até onde ele "queria".

Assim que cheguei à frente do altar, percebi que tudo mudou.

Eu já não estava mais em um terreiro de Umbanda, e sim em uma clareira de uma mata, onde vários índios e índias dançavam e entoavam cânticos.

O Preto-Velho continuava ao meu lado e falou-me:

– Ela já vem recepcioná-la, minha filha!

Tive vontade de perguntar a quem ele se referia, mas não consegui. E ele desapareceu.

Normalmente, eu sentiria "nojo" de estar ali, vendo aqueles índios. Quando ainda encarnada, sempre achei que "índios" eram "mendigos pintados e alegres".

Uma índia aproximou-se de mim.

Parou à minha frente, estendeu à mão na direção de minha cabeça. Fiquei tonta, cambaleei, mas não caí.

Naquele momento, sentia como se estivesse sendo tirado um peso de mim.

Ao final, ela conversou comigo, disse-me seu nome. Era Cabocla Jurema.

Descreveu ali, em poucas palavras, toda a minha jornada em minha última encarnação, até o que eu estava passando após o desencarne. Lembro-me bem das seguintes palavras dela:

"Se você tivesse, quando encarnada, olhado para o seu íntimo e percebido que tudo o que você queria, em verdade, era ser compreendida, não teria usado como escudo o preconceito. O preconceito, minha filha, é uma erva daninha que está destruindo a grande 'lavoura' da humanidade. Por conta desse sentimento baixo, a dimensão humana da vida, tanto no seu lado material quanto em algumas esferas do seu lado espiritual, está rumando para um caminho sem volta. E, nesse caminho, cada vez mais as pessoas verão escuridão, porque é o caminho contrário ao que leva a Deus. Porém, minha filha, esta Cabocla diz a você que, com humildade, a partir de agora, poderá trilhar seu caminho livrando-se, mais e mais a cada instante, dessa erva daninha, trocando os baixos sentimentos pelo amor fraterno que deve haver por todos os seus irmãos em Deus".

Aquelas palavras da Cabocla Jurema ficaram impressas em meu coração.

Após aquele banho de energias positivas, fui encaminhada a uma colônia espiritual, onde me recupero, estudo e busco, incessantemente, cada vez mais, aperfeiçoar-me.

Ainda carrego muitas feridas adquiridas na última encarnação, mas tenho plena consciência disso e trabalho, incessantemente, para curá-las.

Sei que deverei voltar ao plano material, para selar este aperfeiçoamento servindo a Deus... e com muito amor a todos os meus irmãos.

Chamo-me Regina, vossa irmã em Deus!

Na Estrada da Evolução, o Preconceito é um Abismo que nos Separa do Amor

Tudo para mim, quando encarnado, era motivo de "análises" e "avaliações", como eu costumava dizer.
    Essa era a minha justificativa, na verdade, para o meu modo de agir com as pessoas à minha volta.
    Minhas "avaliações" e "análises" eram, em verdade, manifestações da minha arrogância e dos preconceitos que carregava em meu íntimo.
    Cresci em uma família pobre, mas, ainda assim, considerava-me, desde muito cedo, um ser especial e privilegiado. Em todos os ambientes que frequentava, sempre olhava as pessoas e suas atitudes por meio do meu "pré-julgamento".
    Trabalhei durante muitos anos como comerciário. Aposentei-me recebendo um salário baixo, morei sempre em bairros pobres, mas, mesmo assim, mantinha-me ereto ao caminhar na rua, soberbo ao falar com as pessoas e julgador implacável das atitudes de todos.

Fui casado durante 43 anos. Faleci aos 79, deixando três filhos homens já adultos. Dois deles casaram-me e deram-me netos. O mais velho não.

Durante o verão, costumava, com minha esposa e filhos, viajar para o litoral. Fazia sempre questão de reservar algum dinheiro para aquela que era a nossa maior diversão (talvez a única, considerando-se nossas possibilidades financeiras).

Procurava aproveitar ao máximo aqueles momentos, afinal, era onde eu mais ficava próximo de minha esposa e de meus filhos.

Durante as férias, tentava compensar minha rotineira ausência dando a ela toda a atenção possível e também aos meninos, brincando e jogando bola com eles. Além disso, encontrava naqueles momentos, alguns amigos (na maioria, parceiros de "copo" que eu via somente nas férias).

Lembro-me de um dia em que um dos "amigos" aproximou-se de mim, zombando e perguntando-me sobre a "sexualidade" do meu filho mais velho.

Avancei como um touro para cima daquele homem. Os outros apartaram, não permitindo que se iniciasse, ali, uma briga. Aquele momento "acabou" com minhas férias.

Ao chegar à casa onde ficávamos, chamei minha esposa ao quarto. Percebendo que eu estava alterado, ela foi imediatamente receando ter acontecido algo grave. Ela me conhecia bem e sabia que meu temperamento poderia levar-me a fazer alguma besteira, por pequena que fosse.

Esbravejando, contei a ela o que aconteceu. Ela, sem graça, olhou-me e, em seguida, desviou o olhar.

Aproximei-me dela, perguntando o motivo daquela reação. Ela titubeou em responder-me. Segurei-a pelo braço com muita força, fiz que olhasse em meus olhos e me falasse se sabia de algo que eu não sabia.

Ela, visivelmente apavorada, começou a chorar, pedindo que eu me acalmasse, pois naquele estado alterado em que me encontrava não haveria condições de conversarmos.

Esbravejei, joguei-a com violência na cama. Ela caiu deitada, chorando muito. Eu saí de casa e fui beber em um botequim próximo. Não queria acreditar no que poderia estar acontecendo.

Meu filho mais velho, àquela época, estava com 13 anos. Era praticamente um adolescente. Eu pensava que era a fase das escolhas. E eu não poderia permitir que ele fizesse uma escolha "errada", que envergonhasse a mim e à minha honra. Era exatamente isto: eu estava preocupado com a minha reputação e com a minha honra.

Porém, eu era um pai responsável para com meus compromissos familiares. Mantinha a minha família com honradez, não deixando faltar-lhe nada, dentro das minhas possibilidades financeiras, é claro! Mas era um pai relapso na atenção aos meninos. Extremamente machista, só me dirigia a eles para cobrar deveres da escola e desempenho nos estudos. Nunca havia chamado algum deles para sentar-se ao meu colo e conversar.

Eu, aquele homem "julgador", estava, naquele momento, à frente de uma situação "vergonhosa" para os meus conceitos e parâmetros machistas e preconceituosos.

À noite, procurei manter-me calmo e iniciei um diálogo com minha esposa. Os meninos, àquela hora, já dormiam e nós poderíamos conversar com maior tranquilidade.

Ela me contou que estava percebendo que nosso filho mais velho era "diferente" de seus irmãos e até mesmo dos meninos da sua faixa etária.

Fiquei confuso, bravo, mas achei por bem não polemizar naquele momento. Tentei dormir, o que custei a conseguir naquela noite.

A fala de minha esposa não me saía da cabeça. No fundo, eu nutria uma esperança de que ela me dissesse que aquilo tudo era uma bobagem, uma "conversinha" de botequim, e ainda me xingasse por dar ouvidos àquele tipo de comentário.

Porém, a realidade era outra: eu tinha um filho homossexual!

Eu, um homem de 52 anos, machista, julgador e extremamente preconceituoso em todas as lidas da minha vida até então, deparava-me, naquele momento (mesmo que, à época, eu ainda não tivesse essa consciência), com a "Mão de Deus" sobre minha cabeça.

Exatamente porque Deus "virava contra mim" todos os meus julgamentos.

Porém, afirmo, vivi até meu último dia de vida carregando tal mágoa, pois nem mesmo esse balde de água fria para acordar-me conseguiu com que eu, humildemente, voltasse-me para o meu interior, reavaliasse-me e, ainda vivendo na carne, mudasse meus pensamentos, atitudes e temperamento.

Ah, se eu tivesse feito isso ainda aí no plano material, talvez tivesse atenuado bastante o sofrimento pelo qual passei após desencarnado!

Passei a tratar meu filho como um qualquer. Pouco falava com ele, discriminava-o na frente da mãe e dos irmãos.

Ele se sentia humilhado, mas, em momento algum, alterava a voz para mim. Sempre abaixava a cabeça e retirava-se.

Quando eu faleci, talvez tenha sido ele a pessoa que mais sentiu minha partida.

Chorou muito durante dias e dias. E, mesmo muito tempo depois, eu sentia as vibrações de sua tristeza.

Eu, após desencarnado, fiquei durante muito tempo em um vazio, onde eu não via ninguém, não sentia presença alguma.

Para mim, se existia realmente um inferno, era aquele espaço onde fiquei por um tempo que eu não conseguia determinar, pois o tempo inexistia.

E, naquele vazio em que me encontrava, eu vivia perturbado pelos meus próprios pensamentos. A todo momento, vinham à minha cabeça pensamentos, como se fossem gritos, gargalhadas de homens e mulheres questionando todos os meus "conceitos".

Por muitas vezes, ouvia o meu filho chorando, pensando em mim, sentindo minha falta e emanando vibrações de amor. E, sempre que isto acontecia, eu desesperava-me. Queria dizer a ele que o amava muito (o que não fiz em vida por pura ignorância), mas não conseguia. E desesperava-me ainda mais.

Cheguei às raias da loucura, naquele vazio em que me encontrava. Queria encontrar alguém, conversar, pedir ajuda. Mas as gargalhadas aumentavam cada vez mais. Talvez, se eu conseguisse ver algo ou alguém, tivesse atenuado todo aquele desespero, pois era exatamente o vazio que me colocava próximo à loucura.

Lembro que, um dia, comecei a pedir a Deus que me tirasse daquele lugar, que me levasse de volta para minha família. Queria ver minha mulher, meus filhos. Queria pedir desculpas ao meu filho mais velho, abraçá-lo e dizer-lhe que nunca havia deixado de amá-lo.

Pois foi a partir daquele momento que parei de ouvir as gargalhadas e passei a ouvir somente o choro de meu filho, suas emanações de saudade e amor. Comecei a chorar, chorei muito. Tive a sensação de ter passado décadas chorando.

Um dia, quando eu achava que não mais sairia dali, uma bela mulher, trajando um lindo vestido azul-claro, foi buscar-me.

Disse chamar-se Janaína. Era um espírito luzeiro que estava ali para resgatar-me. Fui levado a uma colônia espiritual, onde ainda vivo e trabalho. Estudo bastante e procuro aprimorar-me no conhecimento acerca do ser humano, da Natureza, do Universo e de Deus.

Hoje, sei que, se eu tivesse dedicado mais tempo ao conhecimento, de algum modo, e menos aos "botequins", à ignorância e aos preconceitos, não teria desperdiçado a ótima oportunidade que Deus nos dá de evoluirmos no plano material da dimensão humana da vida.

Meu nome é Valdir. E Desejo que Deus abençoe a todos!

A Vida é Muito Breve, Por Isso, Devemos Conduzi-la com Amor

Na minha última encarnação, que foi bem breve, pude sentir aflorar em mim conceitos errôneos sobre a vida e, especialmente, sobre as pessoas.

Vivi apenas 16 anos no plano material, desencarnei num acidente de moto, com meu namorado. Foi um acidente simples, ele nada sofreu, mas eu acabei batendo com a cabeça ao chão (estava sem capacete) e faleci instantaneamente.

Desde muito pequena, era bajulada por todos os familiares, parentes e amigos próximos. Aquilo fazia inflar meu ego. Todos diziam que eu era linda demais. Quando íamos a alguma festa, entre todas as crianças, sentia-me e achava-me a mais bonita.

Seguidamente, eu sonhava que caminhava em um campo muito florido. E, com o passar do tempo, esse sonho foi incrementando-se, conforme eu ia crescendo e adquirindo uma melhor compreensão da vida.

Aos 10 anos de idade, eu já me via, no sonho, como uma mulher adulta, uma verdadeira rainha, sendo adorada por muitos homens e mulheres que se ajoelhavam aos meus pés quando eu passava.

Na escola, tratava as outras meninas com desdém. Os meninos, tratava bem aqueles que eu achava mais "bonitinhos". Os que eu considerava feios, escorraçava, tratava muito mal.

Com a chegada da adolescência, comecei a ser "persona non grata" em muitos ambientes, inclusive no familiar. Muitos, nas reuniões de família, mudavam o semblante com a minha chegada. Na época eu não percebia, mas meu jeito arrogante e preconceituoso incomodava bastante.

Aos meus 13 anos, meu pai contratou uma senhora para cuidar dos afazeres domésticos, pois minha mãe era professora; lecionava em três escolas e tinha o tempo cada vez mais escasso. Meu pai, médico, pouco ficava em casa também. Ficávamos eu e minha irmã mais nova, apenas.

E essa senhora, uma velha negra, gorda, tinha um pouco mais de 40 anos, era muito bondosa, sorridente, emanava amor e alegria em tudo o que fazia.

Após certo tempo, com a permissão de meus pais, passou a levar seu filho também para nossa casa, pois não tinha com quem deixar o menino e, com o parco salário que recebia, não possuía condições de pagar alguém para cuidar dele.

O menino tinha 8 anos de idade, era bem magro, "feio" para os meus padrões preconceituosos e, além do mais, era negro, o que, para mim, à época, era um defeito incorrigível em uma pessoa.

Era um moleque muito serelepe e brincalhão. E aquele jeito dele irritava-me profundamente.

De vez em quando, ficava correndo e rindo à minha volta. Eu tinha a sensação de que ele fazia de propósito para me irritar.

Como aquela situação foi crescendo feito uma bola de neve, o inevitável aconteceu. Certo dia, bati no menino, machucando-o. E ele, chorando, foi reclamar para a sua mãe.

Ela, que sempre percebeu meu jeito presunçoso e preconceituoso, sempre fez de tudo para agradar-me. Naquele dia, silenciou e pediu a ele que não saísse mais de perto dela.

Na verdade, queria evitar problemas. Precisava daquele emprego e sabia que poderia sair prejudicada se levasse aquilo adiante.

Não demorou mais do que seis meses para que eu "armasse" a saída daquela senhora da nossa casa. Briguei com o filho dela e disse aos meus pais que ele havia me batido.

Ela, pela primeira vez, num ato desesperado, tomou a frente chamando-me de mentirosa e relatando aos meus pais tudo o que eu havia feito naquele período com o filho dela.

Meu pai, ofendidíssimo, demitiu-a na hora!

Fui para o meu quarto sorrindo, extremamente satisfeita. Havia alcançado meu objetivo.

Lembro que no dia seguinte, no café da manhã, quando meu pai beijava-me despedindo-se para ir ao trabalho, falei quase sussurrando ao seu ouvido: "Pai, não contrate mais negros para trabalharem aqui, tá?".

Ele emitiu um leve sorriso, passou a mão na minha cabeça e foi embora.

Eu sabia que, a partir daquele momento, com aquele meu pedido, não teria mais pessoas negras à minha volta, ao menos lá em casa.

Aos 15 anos, menos de um ano antes da minha passagem para o plano espiritual, humilhei uma colega de escola, negra, gorda e pobre, pelo simples fato de ela ser como era.

Cheguei a ser levada à direção para explicar-me, mas, como estudava em uma escola que tinha por hábito zelar pelos filhos dos pais mais "abonados", acabou ficando tudo do jeito que estava. Afinal, eu era filha de um médico com uma "colega de classe profissional", uma professora. E a pobre menina era filha de alguém que elas, as diretoras da escola, nem lembravam no momento quem era.

E minha última e curta passagem pelo plano dos encarnados foi uma sucessão de "confusões" e "armações", todas baseadas no preconceito que carregava, àquela altura, em meu íntimo, como se fosse o ar que preenchia meus pulmões.

Lembro-me bem, como se fosse hoje (e já faz mais de duas décadas que desencarnei), de uma confusão que armei em uma festa com uma garçonete (uma semana antes de desencarnar) pelo fato de, sem querer, ao passar pela pista, ter pisado em meu vestido. Humilhei-a berrando muito, chamando-a de pobre, miserável, infeliz e outros impropérios que não citarei aqui.

Nos dias subsequentes a esse e anteriores ao meu desencarne, passei a sentir-me pesada, sentia uma presença muito densa ao meu lado algumas vezes, às minhas costas em outras.

Não conseguia dormir. Cheguei a reclamar para minha mãe, que marcou consulta com um psicólogo amigo da família; consulta esta que deveria ter ocorrido dois dias após meu falecimento.

No dia do meu desencarne, lembro-me de que, antes de subir na moto, meu namorado me sugeriu que colocasse o capacete (e assim ele o fez). Porém, olhando para os olhos dele, via-os como se estivessem em chamas. E algo ao meu ouvido falou: "Não ponha o capacete, você é livre! Sinta o vento tocar seu rosto!".

E, sem saber por qual motivo, resolvi seguir aquilo que havia escutado.

Partimos e, realmente, eu sentia-me livre. Sentia o vento tocando minha pele e aquela era a melhor sensação que eu tinha naqueles últimos dias em que estava tão "pesada", como se fosse perseguida por alguém muito "denso".

Aquela boa sensação durou alguns minutos. Ao dobrar uma esquina, senti que a moto derrapou, caímos, bati com a cabeça e "adormeci".

Acordei em um lugar vazio, tinha meus pés e mãos amarrados por correntes a estacas de ferro muito fortes. Com os membros superiores e inferiores bem abertos, eu estava amarrada em "X".

Sentia muita sede. Não havia ninguém por perto. Minha garganta estava seca. Eu não havia percebido ainda que tinha desencarnado. Gritei por muito tempo pedindo água.

Após gritar muito, recebi em meu rosto uma chuva de areia. Engoli aquela terra. Pensei que "morreria" ali naquele instante, mas afirmo que morrer e não sentir o que eu sentia ali seria um prêmio para mim.

Fiquei presa naquela posição por muito tempo. Ninguém passava por ali. Teve um momento em que, sem saber de onde tudo se iniciava, vi uma fogueira crescer à minha volta. Contornava todo o meu corpo, em "X", ficando as chamas a poucos centímetros de mim.

Sentia o calor daquele fogo e muito medo. Eu não sabia o que estava acontecendo comigo, pedia a Deus que me tirasse dali.

Numa das vezes que clamei por Deus, ouvi uma voz metálica, vindo de algum lugar, dizer: "Deus... ele não quer nada com você! Esse Deus, pelo qual você tanto clama agora, lhe jogou aqui!".

Comecei a chorar, chorei muito. Eu não sabia mais o que fazer, o que pensar, por quem chamar.

Eu era uma jovem linda, de futuro promissor. Por que eu estava naquela situação? Era um pesadelo? Mas, então, por que eu não acordava nunca?

Hoje, sei que fiquei aproximadamente dez anos naquele lugar. Mas, à época, não tinha noção alguma de tempo. Na verdade, tinha pouca noção, até mesmo de quem eu era.

Tudo aquilo chegou a um ponto em que me sentia tão cansada, tão exausta, que já recebia os jatos de areia, os estilhaços de fogo, imóvel. E não demorou muito para que eu adormecesse.

Quando acordei, tive a sensação de ter dormido por muitas e muitas noites. Olhei para os lados e estranhei o ambiente.

Estava tudo muito calmo. Eu estava deitada em uma cama, com lençóis brancos alvíssimos, num quarto onde tudo era muito brando, com cores claras e sutis. À minha frente, um menino negro de aproximadamente 12 anos de idade sorria para mim.

Senti nojo daquele menino, obviamente, mas estava tão sem forças que não tive reação alguma (enquanto encarnada, minha reação normal seria enxotá-lo dali aos berros, humilhando-o).

Ele, olhando ternamente para mim, disse:

– Agora você vai ficar bem, irmã! Tiramos você de lá.

– Do que você está falando? Quem é você? Que lugar é este?

– É um lugar bem mais confortável e aprazível do que aquele com o qual você já estava até se acostumando!...

Fiquei impressionada com a forma correta como aquele menino negro falava.

Ele não me disse seu nome e foi embora. Voltou após certo tempo com uma velha negra que andava encurvada, apoiando-se em um cajado branco e preto, com um lenço quadriculado em preto e branco à cabeça, e tinha um olhar maternal.

Tocou no meu coração com a mão direita e disse:

– Agora vai ficar tudo bem, minha filha! Este "erezinho" aqui foi fundamental ao resgatá-la daquele lugar para o qual você se encaminhou.

Não entendia direito o que ela queria dizer.

Com o passar do tempo, fui recuperando minhas energias. Compreendi que estava em uma colônia espiritual. Aqueles espíritos que cuidavam de mim com tanto amor eram Vovó Catarina e Chiquinho.

Compreendi, por meio das conversas, especialmente com ela, das palestras a que assisti e dos estudos que comecei a desenvolver, que tudo o que externei em minha curta passagem pelo plano material fora fruto de um processo de autonegativação que ocorreu durante várias de minhas encarnações.

Compreendi como uma bênção (e agradeci muito a Deus por isso), pelo fato de ter desencarnado ainda muito jovem. Pois, seguindo o rumo que eu estava tomando, talvez ainda estivesse em uma densidade vibratória muito baixa, ainda que encarnada, encaminhando-me para dimensões trevosas bem piores do que aquela por onde estive.

Hoje, inflo o peito para dizer a quem ler este depoimento, que, com o maior orgulho, tenho como meus melhores amigos um menino negro muito serelepe e uma negra velha que adotei como minha "vovó espiritual".

Irmãos em Oxalá, a vida é muito curta, muito mesmo! Pensem e reflitam muito sobre todas as suas atitudes, palavras e gestos.

Meu nome é Tânia. Que Deus abençoe a todos!

Do Preconceito ao Encantamento

Assim que desencarnei, lembro-me bem, comecei a perambular pelo cemitério. Ainda inconsciente de que havia passado para o lado espiritual da vida, falava com pessoas que não percebiam minha presença. Gritava e não era visto por elas. Aquilo foi desesperando-me de tal modo, que comecei a sentir um peso em meu corpo. Ouvia vozes vindo de algum lugar que eu não sabia identificar.

Tudo estava muito estranho para mim. E, tive um choque quando, sem saber como lá cheguei, pois fui conduzido involuntariamente àquele espaço, dei-me por conta de que estava na capela onde se realizava meu velório.

Quando me vi no caixão, comecei a chorar e berrar desesperadamente. Dizia que estava tudo errado, que eu não poderia morrer naquele momento.

Nos meus últimos meses encarnado, estava vivendo uma ascensão profissional pela qual eu sempre havia lutado. Era advogado e, aos 37 anos, começava a colher os frutos do meu esforço, tendo meu talento profissional reconhecido e a devida remuneração (ao menos, era a que eu achava ideal para um homem com meu "talento").

Sim, eu me considerava por demais talentoso; chegava, muitas vezes, a considerar-me genial. Realmente, sempre tive o raciocínio muito rápido, o que fazia que minha compreensão acerca das questões, especialmente no campo profissional, onde eu experimentava com maior prazer essa minha faculdade, estivesse à frente do que acontecia no momento e até mesmo da compreensão comum à média das pessoas.

Porém, eu não compreendia à época que, se eu tinha essa faculdade "avançada", se é que se pode definir desta forma, em outras, eu era tão medíocre ou tão comum quanto a maioria das pessoas.

E cito agora como exemplo a questão de vaidade, humildade e preconceitos.

Elevar à máxima potência uma faculdade em que realmente eu me destacava, não percebia, era diminuir-me como ser. Pois, como espíritos em evolução, devemos trabalhar, ao máximo, para o bom desenvolvimento do maior número delas. E o supra- desenvolvimento de uma única acaba fazendo-nos esquecer de desenvolvermos outras faculdades e, até mesmo, alguns sentidos em nossa vida, como, por exemplo, o amor.

O amor, sentido fundamental na vida de qualquer ser, era, para mim, como algo que se compra no comércio. Não consegui, em momento algum, durante minha última encarnação, vê-lo, lê--lo e compreendê-lo em sua real essência. E isto fez com que eu, equivocadamente, desenvolvesse em mim o pior dos sentimentos, aquele que é, tenham certeza, a grande trava para o desenvolvimento da civilização humana como um todo: o preconceito.

Considerando-me o "tal", via duas formas sinceras de amor: a que nutria por meus pais e irmãs e a que viria a nutrir um dia por meus filhos (que não cheguei a ter). Na relação com mulheres, amigos e amigas, conduzia tudo conforme o interesse. E, por conta disso, fui me negativando ao longo do tempo e desenvolvendo internamente uma "peneira", como eu mesmo pensava, onde selecionava os amigos interessantes e excluía os não interessantes.

Em suma, passava a desenvolver em meu íntimo um forte sentimento preconceituoso, em que classificava as pessoas pelo que tinham e pela forma como poderia beneficiar-me disso, com aquisições materiais ou vantagens, do tipo elevação profissional, etc.

Não foram poucas as vezes, ainda encarnado, que julguei pessoas pela aparência, roupas que vestiam, cor da pele, opção sexual ou, até mesmo, jeito de falar.

Era uma sequência interminável de preconceitos que afloravam em mim, externando-se com maior facilidade do que qualquer outro sentimento ou sentido vital.

Com isso (e, como todos sabemos, nos afinizamos com nossas vibrações, atraindo aqueles que vibram e pensam como nós), acabei rodeado por "amigos" e "amigas" preconceituosos, vaidosos e egocêntricos como eu.

Bares da moda, restaurantes, festas badaladas, compunham o meu dia a dia, além do trabalho. Considerava esses eventos fundamentais para minha vida, pois, por meio deles, fazia contatos e conhecia gente "interessante".

Ficava, muitas vezes, meses sem procurar minha família (mãe, pai e irmãs). Um dia, minha mãe ligou-me, convidando-me para passar o fim de semana no sítio de um tio meu, irmão dela (ela tinha muito orgulho de mim, pela minha ascensão profissional), e eu, banhado em vaidade e preconceitos, disse a ela que tinha compromissos naqueles dias. Após ela insistir para eu ir, disse que me deixasse em paz, pois não tinha tempo para estar com aquela "gentinha".

Meu tio e meus primos, assim como minha mãe, meu pai e até mesmo eu e minhas irmãs, tinham origem humilde. Porém, nascidos e crescidos no interior, na roça, sempre viveram uma realidade rural. Mas meu tio, muito trabalhador, conseguiu adquirir uma boa condição de vida como produtor rural. Porém, ainda assim, eu os considerava "caipiras" e costumava zombar do modo como falavam.

Fui levando assim minha vida, até que, aos 37 anos, no meu auge profissional, descobri que era portador do vírus HIV.

Para mim foi a grande derrocada. Passei a ouvir pequenas piadas de alguns "amigos" sobre a minha sexualidade.

Aquilo me incomodava bastante, pois não falavam à minha frente, mas eu percebia as piadinhas. Afinal, eu, o "garanhão", para aqueles "amigos", tão preconceituosos quanto eu, estava com Aids. E esses "amigos", assim como eu, achavam que só contraía essa doença quem era homossexual.

Esse foi o primeiro "tiro pela culatra" que recebi ainda em vida, pois, eu, sempre preconceituoso, destratava e até mesmo evitava qualquer homossexual.

A minha depressão foi tão grande que, após descobrir o vírus, passei a drogar-me, beber mais do que o comum. Houve uma noite em que bebi uma garrafa de uísque sozinho em menos de duas horas. Não dei sequência ao tratamento médico. Minha vaidade e o preconceito que habitavam meu íntimo me faziam sentir vergonha de todos, até mesmo do médico e, por conta disso, fui consumindo-me até meu falecimento.

Após me ver no caixão e não encontrar "salvação" em lugar algum, perambulei muito pelas ruas. Fui alvo de chacotas de outros espíritos, fui chamado de mendigo várias vezes por muitos deles.

Certa noite, caminhando sem destino, tudo ficou ainda mais escuro. Não enxergava um palmo à frente. Passei a caminhar mais devagar. Após um tempo, percebi que eu não estava mais na rua, estava em uma caverna vazia e escura.

O silêncio daquele lugar deixava-me agoniado. Não sabia o que fazer. Eu procurava ajuda, não encontrava. Para onde eu iria? Precisava voltar a viver. Era só isso que eu pensava e queria.

Caminhei dentro daquela caverna, que parecia não ter mais fim, durante muito tempo. Pisava numa lama pesada, que dificultava minha caminhada. Passei a ver cobras tão pretas que suas cores cintilavam. Andavam à minha volta. E eu, com muito medo delas, em alguns momentos, ficava imóvel.

Tudo aquilo para mim era como um pesadelo interminável, porém, eu tinha real consciência da minha condição: estava "morto". E a morte era, naquele momento, bem pior do que eu sempre imaginei.

Andei tanto dentro daquela caverna que não tinha mais noção de onde estava, há quanto tempo e, pouco lembrava, naquele momento, quem eu era. As lembranças da minha última encarnação tornavam-se, a cada instante, mais escassas.

E afirmo a quem lê este relato: talvez essa amnésia que senti seja a maior agonia que passei em todos os tempos, durante toda a minha jornada evolutiva. Não se lembrar, não saber quem você é, para mim, foi e é a maior punição Divina que um ser humano pode ter.

Naquela condição, fui chegando às raias da loucura. Eu andava sem parar, não cansava. Aliás, não sentia vontade e não conseguia (mesmo que quisesse) parar. Era como se fosse movido por um "motor" que me levava incondicionalmente à frente.

Mal conseguia pensar. Pois, para quem não sabe mais nem quem é, o que faz no mundo, no universo, o que pensar, não é mesmo? Na verdade, meus pensamentos tornavam-se "instintivos".

Durante boa parte do percurso, as cobras rondaram-me. E, estranhamente, não me tocavam, acompanhavam-me no ritmo em que eu caminhava, formando um círculo à minha volta e não encostavam em mim. Ora desapareciam, ora apareciam e passavam a dançar sincronizadamente à minha volta.

Sede? Fome? Se eu sentia isto, confesso, não sabia identificar, pois eu não sabia mais "pensar".

Vendo hoje num "filme mental" aqueles momentos pelos quais passei esse suplício, fico pensando: "Se eu pudesse ser dois ao mesmo tempo, e um dos 'eus' visse-me de fora naquela condição (banhado na vaidade e no preconceito que me guiaram na última encarnação), o que eu diria de mim mesmo? Como eu me definiria e me julgaria? Qual seria o grau de nojo que eu sentiria por aquele ser 'primata' que era eu mesmo?"

Hoje, compreendo que, na verdade, aquele ser perdido, sem se conhecer, perambulando pelas trevas da ignorância humana, era, nada mais nada menos, do que minha essência, ou seja, quase nada.

Porque esta é a grande realidade, irmãos em Deus: quando desencarnamos, refletimos exatamente o que somos, o que acumulamos durante toda a nossa jornada e, especialmente, durante a etapa mais recente (a última encarnação), que nada mais é do que um prêmio meritório dado por nosso Pai Maior para que evoluamos.

Se todos os irmãos encarnados tivessem noção de quantos irmãos esperam pela oportunidade de acelerar suas evoluções na carne, dariam mais valor às suas vidas e, muitos, não pensariam ou falariam certas bobagens acerca da vida que só nutrem e mostram como é grande a ignorância humana em alguns aspectos.

Após muito caminhar, vi um facho de luz. Instintivamente, corri até ele como um homem perdido que vê uma gota de água em um deserto.

Lembro-me somente de ter-me aproximado daquela pequena luz e, a partir daí, tudo escureceu à minha frente.

Acordei após muito tempo em uma mata, numa dimensão onde tudo era mais brilhante, as águas mais límpidas e a vegetação possuía um verde que não conhecemos no plano material da vida. Imaginem, caros irmãos, um verde-luz, ou a própria luz na cor verde.

Era amparado por irmãs encantadas belíssimas, com um sorriso iluminado estampado no rosto e sempre constante.

Outros irmãos habitantes daquela dimensão tratavam-me também com muito amor.

Durante o tempo em que fiquei me recuperando naquela dimensão, com aqueles irmãos que, muitas vezes, acreditamos que sejam personagens de fábulas, lendas ou até mesmo cinematográficos, pude perceber o quanto é importante a Natureza na Criação de Deus.

E falo da Natureza em todos os sentidos, pois, nós, humanos, assim como nossos irmãos e irmãs encantados, também somos parte da Natureza, somos parte de Deus.

Ah, se eu tivesse cuidado da minha Natureza íntima, ainda encarnado, teria partido para o lado de cá com uma compreensão muito mais afinada acerca de Deus e do Seu amor por nós, todos nós, seus filhos, suas "criaturinhas"!

Desejo, caros irmãos, que reflitam sobre meu depoimento, pois foi escrito com o que há de mais puro na minha essência. E, quando encontramos nossa essência, encontramos a verdade.

Fiquem em paz! Que Deus vos abençoe sempre!

Meu nome é Martvs!

Uma Dura Lição e uma Descoberta Fascinante Livraram-me da Vaidade e do Preconceito

Durante minha última encarnação, pude transitar pela "esburacada" estrada do preconceito com uma desenvoltura ímpar.

Eu era um homem de classe média. Estudei em boas escolas, pois meu pai, professor, com muito sacrifício procurou dar-me uma boa educação. Minha mãe era dona de casa e cuidava de mim, seu único filho, como quem cuida de uma pérola.

Porém, fui crescendo e absorvendo da sociedade, em alguns aspectos, o que ela tinha de pior. E, hoje, tenho certeza, o que há de pior na sociedade (ou nas sociedades organizadas no plano material) é o preconceito.

Durante minha adolescência, fui atleta, nadava em um clube de nosso bairro. Desenvolvi-me fisicamente, o que fez com que minha vaidade aflorasse de modo repugnante.

Tratava pessoas com desdém, as meninas como objetos e me desfazia delas assim que não mais me "serviam".

Aos 19 anos, passei no vestibular para Psicologia.

Aos 27 anos, já formado, e com o auxílio do meu pai, possuía meu próprio consultório.

Assim que passei a ter meu próprio espaço de trabalho, comecei, rapidamente, a formar uma "boa" clientela.

Antes disso, estagiei e trabalhei (após formado) em uma clínica particular. Durante o estágio, também atuei em uma empresa privada, uma rede de supermercados, na qual acompanhava uma psicóloga que atendia aos funcionários daquela rede.

E foi naquele estágio que pude aflorar internamente meus preconceitos. Pessoas pobres, muito humildes, compunham, em sua maioria, o quadro de funcionários beneficiários daquele serviço que a empresa oferecia.

Sempre antes de chegarem ao atendimento com a psicóloga da empresa, passavam por mim, para que eu fizesse uma pré-análise e os encaminhasse a ela.

Não demorou muito para que ela percebesse meus traços preconceituosos, pois refletiam-se nos relatórios que eu lhe passava.

Certo dia, ela me chamou para uma conversa particular. Falou que percebera aquela minha faceta e sugeriu que eu tentasse superá-la. Colocou-se, inclusive, à disposição para ajudar-me.

Agradeci, cinicamente, sorrindo para ela. Dei as costas e desconsiderei o que "aquela mulher" havia me falado.

Com o passar do tempo, já em meu consultório particular e com a boa clientela formada, comecei a perceber que me eram encaminhadas pessoas bem humildes por colegas de profissão e por alguns amigos também.

Não percebia, à época, que Deus testava-me e dava-me uma nova oportunidade a cada momento de renovar meus conceitos, revendo-me como ser e usando da minha profissão para servir a Ele, pois quem serve aos seus irmãos, especialmente aos mais necessitados, serve ao Pai.

Lembro-me dos primeiros casos de pessoas humildes que lá chegaram. Dava um "chá de banco" nelas e, quando as atendia, tratava-as com desdém. E como, na maioria das vezes, eram indicadas por pessoas conhecidas minhas (colegas ou amigos), não conseguia fazer o que mais tinha vontade: mandá-las embora e sugerir que procurassem o serviço público.

Minha vaidade só permitia que visse à minha frente as cifras que recebia e os "sobrenomes" de famílias importantes que constavam nas fichas de consultas administradas por minha secretária.

Essa pessoa, aliás, que fora minha secretária, passou por muitas humilhações enquanto trabalhou comigo. Não foram poucas as vezes em que a humilhei por motivos fúteis. Usava pequenas falhas (às vezes, inventava falhas para poder "espezinhá-la") para exercer meu preconceito, o que, a cada dia que passava, executava com maior maestria.

Aos 32 anos, casei-me com uma colega de profissão. Esse relacionamento durou menos de três anos, pois minha esposa (que foi a única em minha vida, porque nunca mais consegui casar depois), após várias discussões e divergências, especialmente no que tangia à visão de mundo e no trato que um profissional de psicologia deve ter para com as pessoas, acabou pedindo o divórcio.

Aos 39 anos, tentei casar-me novamente, com uma advogada, mas, exercendo meus preconceitos para com seus familiares, pois ela era de uma família muito humilde e estudou com muito sacrifício, acabei perdendo-a também.

E assim, durante toda a minha vida, um sem-número de momentos em que destratei pessoas pobres, pessoas negras, homossexuais, menores de rua, mendigos e até mesmo pessoas do interior, foi empilhando-se e, sem que eu percebesse, acumulando à minha volta uma negatividade por demais prejudicial à minha saúde espiritual.

Aos 52 anos, protagonizei uma cena em uma loja, onde destratei a vendedora por pura impaciência, por me considerar superior a ela, por ser ela uma menina pobre que necessitava daquele trabalho. Porém, como a Justiça Divina está em todos os lugares (e está mesmo, basta observarmos), a gerente da loja interferiu em favor dela, conversando severamente comigo em público, tratando-me da mesma forma e falando no mesmo tom que eu falara com a menina, dizendo-me que eu e meu dinheiro não éramos bem-vindos naquele estabelecimento. Abriu o caixa, pegou o valor que eu havia pago, devolveu-me e convidou-me a retirar-me do estabelecimento.

Não preciso dizer que saí de lá humilhado e alimentando uma raiva enorme por elas e por toda aquela situação. Como poderia alguém me tratar daquela forma? Assim eu pensava, mas, em momento algum, voltava-me ao meu íntimo para me questionar.

E não fazia isso por um simples motivo: minha negativação por conta da vaidade e dos preconceitos que carregava era tão grande, que não conseguia acessar a vibração da humildade, necessária e fundamental para todos os filhos de Deus. E, saibam, ela está dentro de nós, bastando apenas que a exercitemos constantemente.

Desencarnei aos 59 anos, vitimado por um infarto fulminante. Vivia sozinho, tinha poucos amigos e os familiares mais próximos não mantinham muito contato comigo.

Meu corpo foi encontrado em meu apartamento no dia seguinte ao meu falecimento. Foram chamados familiares meus, que realizaram uma cerimônia simples para cumprimento de protocolo e, como que querendo livrar-se do peso e do compromisso (a exemplo do que eu fazia com as pessoas humildes que eram enviadas ao meu consultório), enterraram meu corpo rapidamente.

"Dormi" durante muito tempo no caixão, onde tinha sonhos terríveis. Via-me em dimensões escuras, sendo escravizado por seres horrendos.

Após um tempo, acordei e percebi que estava no caixão, via meu corpo decompondo-se. Eu já "era", naquele momento, praticamente uma "caveira". Aquilo me desesperou por demais.

Em dado momento, percebi que a tampa do meu caixão abria-se lentamente. Foi quando vi ratos, cobras e aranhas pulando para fora do caixão.

Achei que veria luz após a abertura da tampa, mas tudo o que vi foi uma imensa escuridão. A noite que conhecemos no plano material, mesmo sem o recurso da luz artificial, se comparada àquela escuridão a qual eu estava sendo apresentado, ao menos possui a luz da lua e das estrelas. Aquela escuridão que eu passava a ver era tão ou mais intensa do que a do interior do caixão, inclusive.

Vi uma mão esquelética abrindo o caixão e apavorei-me.

Após, lentamente, abrir aquela que, hoje sei, por quase duas décadas foi a minha morada, vi um homem tão esquelético ou mais do que como eu me encontrava naquele caixão. Era coberto por uma enorme capa preta, com um capuz da mesma cor à cabeça. Carregava uma alfanje preta.

Retirou-me dali sem muito esforço e sem nada falar. Eu estava muito fraco. Caminhava, apoiando-me em sua alfanje, como se estivesse reaprendendo a andar.

Caminhei muito com ele, até que chegamos ao interior de um túmulo, onde ele me apresentou para outro ser muito semelhante, quase igual a ele.

Soube, naquele lugar, que estava em um domínio do Senhor Exu Caveira, e tanto o homem que me recuperou quanto aquele que passou a atender-me e cuidar de mim eram manifestadores desse mistério.

Durante minha encarnação, nunca "tive tempo"' para Deus, muito menos para qualquer religião.

Isso tudo começou a acontecer há mais de 30 anos. Desencarnei em 1980, e fui retirado do caixão em 1999.

Pude, estagiando naquele campo-santo, conhecer-me melhor espiritualmente.

Descobri que sou "filho" do meu Senhor Omolu, a quem sirvo fidedignamente até hoje, trabalhando espiritualmente, servindo a esse mistério, que a ele responde: o mistério Exu Caveira.

E, tendo a honra de poder relatar minha experiência aqui neste livro, digo a todos que tudo o que vivi, tudo o que vi, tudo o que aprendi com meus equívocos, procuro passar nos trabalhos de Umbanda e Quimbanda dos quais participo, cumprindo minha missão espiritual.

Só que, infelizmente, nós os "Exus Caveira" (assim como muitos mistérios que servem à Umbanda na esquerda) ainda somos mal-interpretados, em virtude, justamente, dos preconceitos disseminados no plano material e que povoam as mentes e corações dos irmãos encarnados.

Mas, de qualquer modo, continuo a trabalhar, servindo a esse mistério e tentando mostrar a todos aqueles que a mim chegam, que o Senhor Exu Caveira (servidor do meu Senhor e meu Pai Omolu) nada mais é do que um agrupamento de "espíritos trabalhadores da Lei" que pretende ajudar a acelerar a evolução de todos os irmãos em Deus, encarnados e desencarnados.

Laroiê, Exu! Omolu Yê Tatá!

"De Passagem..."

Andei por todos os lugares deste mundo.
De cabeça baixa, a muitos servi. Também preciso lembrar que, muitas vezes, apanhei.

Porém, sempre retribuí a tudo o que recebi, tudo mesmo, com um sorriso, com minha alegria e com tudo de melhor que havia em mim. Sempre compartilhei tudo o que era meu com todos, sem distinção ou discriminação, apesar de ter sido segregado e discriminado quase sempre.

Doei minha música, minha arte, minha cultura e minha religiosidade ao mundo inteiro. E, poucas vezes, lembro-me de ter recebido de volta um "muito obrigado". Na maioria das vezes, recebia como resposta uma "virada" de costas de todos os meus irmãos.

Mas segui em frente, descalço, humilde, andando por este mundo... Levei e continuo levando, onde quer que eu vá, a minha mensagem de amor à vida, de fé, de paz, de sede de justiça e evolução.

Em todos os lugares que chego, canto, danço, toco, influencio a tudo e a todos que, graças à minha contagiante energia, também passam a cantar, dançar, tocar e sorrir. E é justo neste momento que todos me viram as costas.

Mas não desisto. Saio de um lugar, vou para outro, faço a mesma coisa... e assim vou seguindo.

Você deve estar, intimamente, perguntando-se: "Quem é esse ser?". E eu, tranquila, serena e humildemente lhe retribuo perguntando em voz alta:

– Você não lembra mais de mim?!

Percebo que está envergonhado por não se lembrar. Mas não há problema algum nisso, não há mesmo!

Pode deixar, que lhe respondo agora:

– Sou homem, sou mulher, sou jovem, sou velho, sou aquele negro, ou aquela negra, que acabou de passar por sua vida!

Eu e Pai Thomé do Congo, o mensageiro destes relatos, desejamos, honestamente, que toda esta obra e, especialmente, esta última mensagem, sirvam para que você reflita sobre o teor e o conteúdo aqui constantes.

MADRAS® Editora — CADASTRO/MALA DIRETA

Envie este cadastro preenchido e passará a receber informações dos nossos lançamentos, nas áreas que determinar.

Nome _____
RG _____ CPF _____
Endereço Residencial _____
Bairro _____ Cidade _____ Estado ____
CEP _____ Fone _____
E-mail _____
Sexo ❏ Fem. ❏ Masc.   Nascimento _____
Profissão _____ Escolaridade (Nível/Curso) _____

Você compra livros:
❏ livrarias   ❏ feiras   ❏ telefone   ❏ Sedex livro (reembolso postal mais rápido)
❏ outros: _____

Quais os tipos de literatura que você lê:
❏ Jurídicos   ❏ Pedagogia   ❏ Business   ❏ Romances/espíritas
❏ Esoterismo ❏ Psicologia ❏ Saúde   ❏ Espíritas/doutrinas
❏ Bruxaria   ❏ Autoajuda   ❏ Maçonaria ❏ Outros:

Qual a sua opinião a respeito desta obra? _____
_____

Indique amigos que gostariam de receber MALA DIRETA:
Nome _____
Endereço Residencial _____
Bairro _____ Cidade _____ CEP _____

Nome do livro adquirido: <u>Caminhos da Evolução</u>

Para receber catálogos, lista de preços e outras informações, escreva para:

MADRAS EDITORA LTDA.
Rua Paulo Gonçalves, 88 – Santana – 02403-020 – São Paulo/SP
Caixa Postal 12183 – CEP 02013-970 – SP
Tel.: (11) 2281-5555 – Fax.:(11) 2959-3090
www.madras.com.br

Este livro foi composto em Times New Roman, corpo 12/13,2.
Papel Offset 75g
Impressão e Acabamento
Orgrafic Gráfica e Editora — Rua Freguesia de Poiares, 133 —
Vila Carmozina — São Paulo/SP — CEP 08290-440 —
Tel.: (011) 3522-6368